董竹君传

一个世纪的百味人生

李礼安／著

中国华侨出版社

·北京·

图书在版编目（CIP）数据

董竹君传：一个世纪的百味人生 / 李礼安著 .—北京：
中国华侨出版社，2016. 11（2024. 8 重印）.
　ISBN 978-7-5113-6459-3

　Ⅰ . ①董… Ⅱ . ①李… Ⅲ . ①董竹君（1900–1997）– 传记
Ⅳ . ① K825.38

中国版本图书馆 CIP 数据核字（2016）第 256787 号

董竹君传：一个世纪的百味人生

著　　者：李礼安
责任编辑：刘晓燕
经　　销：新华书店
开　　本：670 毫米 ×960 毫米　1/16 开　印张：16　字数：211 千字
印　　刷：河北省三河市天润建兴印务有限公司
版　　次：2017 年 1 月第 1 版
印　　次：2024 年 8 月第 2 次印刷
书　　号：ISBN 978-7-5113-6459-3
定　　价：49.80 元

中国华侨出版社　北京市朝阳区西坝河东里 77 号楼底商 5 号　邮编：100028
发 行 部：（010）64443051　　　传　真：（010）64439708
网　　址：www.oveaschin.com　　E – m a i l：oveaschin@sina.com

如果发现印装质量问题影响阅读，请与印刷厂联系调换。

序言

　　许多关于女子的传奇故事，大多是杜撰出来的戏文。然而，在历史的浩渺烟云中显得并不算漫长的民国时期，却是一个奇女子辈出的时代。她们不只存在于戏文里，而是活生生地生活在真实当中。独立支撑起一片天空，创造锦江饭店神话的董竹君，就是其中之一。

　　身为女子，她有着最为悲愁和不幸的人生起点，虽然出生于上海滩这片繁华世界，却只能困守在贫民区中靠父亲拉洋车勉强生存，她的童年里没有欢声笑语，没有阳光明媚，只能在黑白的色彩里目睹贫民窟中的种种不幸。

　　豆蔻年华，依然在父母怀中撒娇的年纪，她却从人间的底层坠入了炼狱。青楼，一个光是听上去就令无数女子心寒的字眼，董竹君成为了其中的一名卖唱女。

　　没有人天生就只能下贱地生存，她第一次懂

得了要与命运进行抗争。抗争的力量源于爱情，她拼尽全力从火坑中出逃，奋不顾身地投入一场婚姻。

都督夫人的头衔，对青楼出身的女子似乎有些沉重，封建家庭的折磨和夫权统治，让她再一次抛却繁华，两手空空地摆脱这段不幸的婚姻。

带着4个女儿，她在大上海的十里洋场开始了艰辛的打拼，锦江饭店的神话，从那一刻起正式揭幕。她是民国独立女性的代表，她的风雨人生，更是中国近现代史风云变幻的缩影。

形容一位传奇的女子，人们也许会说她"了不起"，却很少有哪个女子，像董竹君一般，将自己的一生，活成传奇。

目录
Contents

第五章

逆袭·飒爽英姿五尺枪

第六章

风雨·春风不度玉门关

第七章
战火·公主琵琶幽怨多

第八章
涅槃·凤凰浴火又新生

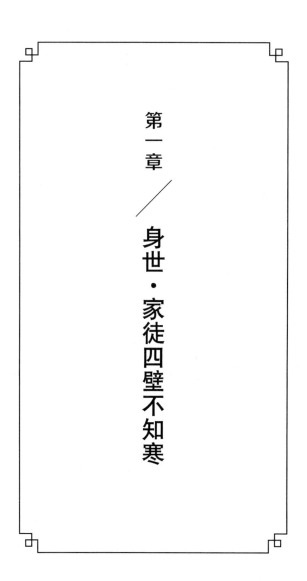

第一章　／　身世‧家徒四壁不知寒

污水浜畔的童年

提及上海滩，无数人首先联想到的是歌舞升平、纸醉金迷的上流社会，各类影视大片中描写的上海更成为无数人心中向往的天堂。可又有多少人知道民国时期上海底层人民的生活的艰辛。

1900年，阴历庚子年正月初五，在这个历经了两次鸦片战争，中日甲午战争，签订了各色不平等条约，战火纷飞的乱世，一个叫董竹君的女孩儿伴着八国联军侵华战争的枪声，诞生在上海洋泾浜边上一户黄包车夫家里。洋泾浜畔上苟且的人们就像下水道里的蟑螂。乱世本就可悲，更何况污水浜边上出生的孩子。这仿佛预示了她的童年时光必定少不了苦难。

民国年间，每个父母都会给孩子起个小名，特别是寻常人家，董竹君也不例外。父母在她小时候就常唤她毛媛或阿媛。

董父本是江苏省南通市海门县人，家有三兄弟，因生活困苦彼此也很少往来。他原本姓东，名同庆。后来改成董也许是因为"东"与"董"读音相近。

民国时期，人力车夫是吃力不讨好的苦活，一天下来也挣不到几个铜板。但是家里开销都依赖董父，这也使得董父比其他人更卖力地工作。太阳还在打盹儿的时候他便穿着白色的粗糙麻布衣出去拉车，晚上踩着月光回来时身上的衣服像是搬了煤又到黄土堆里滚了一圈，黑黄黑黄的。董父其实相貌英俊，身材高大，若是放在现代，想必是位倜傥的男子。但在纷乱的民国，一个现实将梦想残忍分离的年代，董父不得不为生活早出晚归，日晒雨淋。他的面容显得苍老憔悴，才是一个孩子爹的他看上去竟像四五十岁的老人。

董母是江苏吴县娄门外太平桥镇人，姓李，不识字，也是贫苦人家出身，家中共姐弟三人。董竹君不知道母亲为何名，只常听人唤作二阿姐，而她唤母亲为姆妈。

母亲在嫁给董父前曾结过婚，后来前夫死后才得以改嫁。为贴补生计，母亲曾到有钱人家里给人家做姨娘（佣人），却往往做不长久。

很多时候，人的性格取决于一些外在的因素影响，董母就是这样的人。贫穷让董母变得暴躁，结婚前娘家贫穷，嫁给前夫时贫穷，嫁给董父仍然贫穷。生活将一个本来温婉动人的女子磨炼成为生存挣扎的机器。

人力车夫挣不了几个钱，家里的情况本不允许董母不出去工作，无奈脾气实在不好，给人家做姨娘（佣人），稍有干戈便大动肝火，非要与人争个高下。周围有钱人家太太听闻董母名声后大都不愿雇用她。为此，董母从没有一份工作做得长久过，一家三口的生活重担还是压在了父亲身上。

穷得不温不火的时候，董竹君的弟弟出生了，家里又添丁本是件开心的事情，可董家父母的心情却复杂极了。家里经济拮据，要养两个孩子实在艰难。可毕竟是自己的骨肉，再怎么艰难也得咬牙挺住。

不幸地是年幼的弟弟得了重病，家里穷得一贫如洗，实在拿不出钱救治。那天，弟弟哭个不停，董母便让董竹君抱住哄着，谁想，董竹君接过弟弟在屋檐下没走两步弟弟便翻着白眼身体没了温度。最终，家里只剩董竹君一个孩子，董家父母对她倾注了所有希望，却仍旧改变不了拮据的现状。

对于童年，董竹君是这样回忆的：家里经常素食，即使是青菜、萝卜，也只买得起下市的便宜货。拉黄包车的父亲挣了钱，就会买点酒菜回来。如果生意不好，就会空着手回家。母亲则一面埋怨，一面安慰父亲。有时母亲会禁不住发脾气，嘴里叫苦连天，喊穷喊冤，常常要骂小孩还会弯着指头敲小孩的头。

洋泾浜名义上是黄浦江的一段支流，实际上只是一条臭水沟，一潭不会流动的死水，水里丢满了各种死动物，流进各种废水。居住在臭水沟边上的人家经济状况都差不多，邻里邻外的也没什么隔阂，大家生活在一起只求安身，白天都各自为生活奔波。天气一热，臭水沟里各种污秽物散发着腐臭，经过的路人频频作呕，有钱人是不会住在这样的臭水沟边上的。

白天大人出门了，小孩子自己在浜畔一百米外结伴玩耍。那时候，街上没有络绎不绝的汽车。孩子清脆的笑声是污水浜唯一美好的风景，让这个污水浜看起来也不是那么讨厌。

父母虽贫穷，却是思想开明的先进分子。董竹君从小冰雪可爱，是个公认的小美人坯子，大家都叫她小西施。加上她聪明伶俐，小小年纪像个小大人般，知道为父母着想，很讨邻居喜欢。

孩子越来越大了，董父开始思考是不是该让阿媛读书识字呢？自己大字不识几个如今只有做苦力活的份，她母亲也不识字，如今生活窘迫成这副模样。回头看看在上海，坐在茶馆里喝茶的，搭他黄包车的，哪怕是前台的掌柜，哪个不是有点儿墨水的技术人员？只要识字，就不必同他一样起早贪黑，不必像她母亲一样嫁给他这样的底层劳工。

这一天，董父一边奔波劳碌，一边不停地思考，路上把客人拉过头了也毫不知情。伴着橘红色的暮色，他回到了破旧的房子里。气还没来得及喘匀便进了屋子和董母商量起困扰着他一整天的事情。

董母长叹一口气，她又何尝不是日日思考着这件事情呢？这些年因为没文化吃的亏还少吗？他们只有阿媛一个孩子，这学势必是要上的，只是这学费着实叫人头疼。

年幼的董竹君费了好大力气才坐上饭桌前长长细细的凳子，而后独自坐在饭桌上等着父母，她不知道发生了什么事情，即使肚子很饿了也不敢贸然开吃。就这样眼巴巴地盯着面前的青菜，时不时往里看看父母什么时候出来吃饭。

夜晚，星星挂满了整个夜空，一闪一闪的，亮得可以照亮每一条泥泞的小路。

董家父母轻声地问董竹君，想不想去私塾里和先生学识字？懵懂的董竹君用她的大眼睛骨碌骨碌地转动尽力地思考着大人话里的意思。事实上，她不知道私塾是什么。

那天晚上，董竹君仿佛可以从父母眼里看到比繁星还闪耀的光芒。

在民国，大多家庭仍然保留着女子无才便是德的封建思想，董竹君后来的成就大部分得益于父母的远见。

穷苦人家的孩子能上私塾的实在不多，女孩子上私塾更是少见。1906年，董竹君在父母的节衣缩食下终于上了私塾。父亲拉车的时间变长了，有时候，董竹君放学回来累了睡得早，第二天起来时董父又出去拉车了，会连续好几天都见不到父亲，但是饭桌上仍然是过市的青菜、烂萝卜。

董母偶尔会带她到当铺，她个子矮，当铺的桌子很高，董竹君踮起脚尖也只能让当铺老板看见母亲帮她梳的通天辫，她看不到母亲究竟都当了什么。

董母还是出去找活儿干了，有时候会帮董竹君梳好辫子，盯着她吃过稀粥，看着董竹君背着红绿色粗帆布背包上学她才放心出去。出门太早时，她会把一整天的饭做好放在桌子上等董竹君自己起来吃，嘱咐董竹君自己绑好辫子再出门。即使家里穷，但董母仍不希望阿媛像野孩子般在小巷里到处跑。偶尔也会在桌子上放上10文、20文的铜钱。董竹君渐渐地适应自己起床上学，也开始能理解父母。

父亲嘱咐她认认真真地跟着先生识字，不能贪玩。董竹君都谨记并且照做了。在学堂，她总把腰板挺得直直的，打起十二分精神听先生讲课。在私塾的4年时间为董竹君未来的成功奠定了基础。

董竹君每天睁开眼的第一件事情便是掀起白布帐子，踩着那双破旧的灰黄色小鞋向桌子奔去，用粉嫩的小手在桌面上摸来摸去，摸到铜钱时，心里简直乐开了花，看不到父母的难过瞬间烟消云散，高高兴兴地去了私塾。

傍晚放学后捧着 10 文铜钱蹦蹦跳跳地跑到卖糯米团大娘那里买糯米团，然后兴高采烈地跑回家，想与父母分享她最爱的小零食，可迎接她的是昏暗的小屋子。家里没有钱买灯泡，没有钱买煤油灯，平时只能点蜡烛。董竹君打开那扇低矮土房子的门，门边螺丝钉松动引起的吱呀声随着晃动不断回荡在整个屋子里。

她嘴巴向下一撇，心里难过极了，父母又没回来……

心爱的糯米团瞬间无味，她把它放在碗里，用另一个碗盖好，拿出先生发的本子借着门外的光大声地朗诵起来。

昏黄色的余晖照耀在忙碌的上海滩上，透过层层建筑物洒在洋泾浜边上，一丝光线漏进了董竹君的房子里，把她的小影子拉得很长很长，像个大人。

借贷无门的穷人

很早之前我们就应该明白，生活永远不会如你所愿，它总喜欢在你春风得意之时给你重磅一击。就好比，一株娇艳欲滴的玫瑰永远在盛开得最繁华的时候凋谢。

3年来，董竹君一家日复一日、年复一年地为生活奔波忙碌，过着贫穷却充实的小日子。

可忽然间，一个不幸的消息摧毁了董家父母精心为董竹君建立的小港湾——董父病了。

某一天夜里，窗外风雨交加，董竹君和母亲迟迟等不回父亲，母亲不忍心饿着孩子，催促着董竹君吃好饭便睡觉去。

大风刮得愈发厉害，把家里从街上捡来的纸张糊成的纸窗都刮烂了，屋顶破旧的瓦片也不堪雨水重击，不时地流进一些水滴，风把空气都吹得凉凉的。董竹君怎么也睡不着，小手把被子往下扯伸出个脑袋用孩子特有的声音糯糯地问母亲："父亲怎么还不回来？"她的声音很弱，似乎带着点哭腔。

董母伴着烛光小心翼翼地缝补丈夫破烂的粗布衫，不时担心地向门外瞅瞅，回过头来把董竹君的被褥重新盖好。轻声道："快了。"

不一会儿，门外传来黄包车轮子吱呀吱呀滚动的声音，董竹君立即掀开被子，光着脚飞奔到门口，看到来人一改方才埋怨的愁容，兴奋地唤上一声："父亲。"

董父给车子盖上防水的布料后才放心随着女儿进了屋子。那天晚上，董父发烧了，董竹君第一次看到她心目中的英雄生病躺在床上。以前虽然父亲也生过病，但从不似如今这般虚弱。家里叫了泾浜畔上与父亲相识多年的郎中给瞧瞧。

老郎中随着母亲走到屋子，把胸前带链子的圆框眼镜用袖子擦了擦后熟练又显僵硬地往自己的眼眶上戴。把了脉之后老郎中把病情一五一十地告知，他说，董父这是得了伤寒症，今天这一淋雨病情才加重了。老郎中开了些药给董家，暂时缓解了病情，却终究治标不治本。

董父一年365天都在没日没夜地工作，要说不生病才是真正的奇怪。一栋房子，若是顶梁柱倒下了，那么房子也就跟着完了。在董家，董父就是全家的顶梁柱，是整个家的核心。

那一年，董竹君9岁，个子长高了些，辫子梳长了些，字多识了些，她也意识到，父母老了些。

每每深夜，窄小的黑屋子里总传来父亲一阵一阵的咳嗽声，董竹君觉得父亲的咳嗽声刺耳极了。她小小的心脏每天深夜都随着父亲的咳嗽声跌宕起伏，后来她长大些才知道，原来这种感觉叫担心。她开始怀念父亲生病前的夜。那时候，她可以清楚地听到父亲熟睡的打鼾声，母亲缓缓的呼吸声，甚至墙角上小蚊子的嗡嗡声也能听得真真切切。她觉得父亲的打鼾声比咳嗽声好听多了。

　　除了咽痛咳嗽外，伤寒症的症状还表现为身体乏力，食欲减退，体温在五到七天内为 39℃ 到 40℃。伤寒症不像发烧感冒般能自己治愈。在当时的医疗条件下，治疗这类病症需要花费大把金钱和精力。

　　在民国，特别是社会底层的穷苦人家，生病相当于等待死亡。他们吃上一口饱饭都是奢侈，哪里来的钱治病？

　　在这样的背景下，一些人选择轻贱生命，觉得死了也是一种解脱。另一类人则不放弃任何活着的机会。董家父母便是后者。身体发肤，受之父母，任谁都不应该轻贱生命，只是，所有的选择都是有代价的，董父也不例外。

　　母亲为给父亲看病四处借贷，娘家被她借怕了，邻居见着她也绕道儿走得远远的。一时间，所有亲朋好友见到他们一家人就像见了瘟神般。

　　董家暂称为"家"的泥土房子也是靠租来的，自从董父病后，家里便再没有经济来源。有一天一大早，房东早早地敲了门催促着交房租。

　　那天晚上，家里连青菜、烂萝卜都没有了，一家三口，父母捧着一碗清如开水般的白粥草草地解决了一餐。董竹君那一碗父母显然加过"料"，看上去也才勉强像一碗粥。

　　第二天，父亲不顾身体不适，毅然决然地出去干活，以前一天能拉 30 趟不喘气，现在的身体只能勉强拉 10 趟。可那天董父一个客人也没拉成，一个成年男人上了他的车，他举不起车来；一个女人上了他的车，嫌他拉得慢，一步一步地挪，像蜗牛爬行一般。

董竹君也被董母早早地叫醒，香蕉般的小手揉了揉眼睛，问道，又不用上学，起这么早作甚？

原来在虹口爱尔近路有一个比较有钱的亲戚，董母拉不下脸，只能让董竹君去借钱。董竹君即使万般不情愿，为了母亲还是去了。她清楚地记得那天，所谓的亲戚连门槛都没让她踏入，开了门，把董竹君从头到尾打量一番后"哐"地一下关上了门。

无奈之下，董母带上董竹君去借高利贷。她也就是个平常的妇道人家，第一次和高利贷这样的黑道打交道，带上董竹君也只想求一丝安心。就像人在沙漠里迷路了，看到一棵小草也觉得亲切无比，精神寄托本就是很奇怪的思想活动，董母只是本能地在董竹君身上寻求安全感。

董竹君乖乖地随着母亲出了门，她感觉到，母亲因劳作而变得粗糙的手掌紧紧地牵着她，越往前走，掌心越黏稠，那是汗。

董竹君忽然停下脚步，像是想起了什么重要的事情，仰着稚嫩的小脸一本正经地问母亲，父亲生病了会死吗？

面对自己天真无邪的女儿，董母竟一时说不出话来，她不能与女儿讲：是的，你父亲会死，就像被人扔在洋泾浜里的阿猫阿狗一样，永远没了生气。董母看着自己的女儿，鼻子连着眼角突然酸疼起来。

聪明的董竹君见到母亲被自己问得这样难过，不住地低下头踢路边的小石头，闷闷地说："父亲会和弟弟一样对吧。"

她只是一个不到10岁的小孩子，思想却如大人一般成熟。

董竹君踮起脚尖拍拍母亲的背，嘴里喃喃地劝说母亲不要哭，自己会乖乖听话，不像巷子里的坏孩子般调皮捣蛋。

而这一席话听得董母心里更难过了。她蹲下来抱住女儿，哽咽地问道："阿媛，娘平时生气敲你的头疼不疼？"

董竹君猛地摇头，头发像风中飘动的芦苇，认真地回答母亲："一点儿也不疼，一定是阿媛平时不乖娘亲才敲的，以后阿媛一定听话。"

其实那时候董竹君十分疑惑，同样是人，为什么他们家一穷二白，连温饱都成问题，但是为什么有些人的小狗都过着衣食无忧的生活？可能董竹君也没有意识到，反而是这样的环境磨炼了她，让她从小便立志摆脱困苦。所以，人后天的性格与环境息息相关。董家虽然贫穷，但人品是邻里公认的好，父亲忠厚耿直，母亲虽然脾气不好，却也心地善良。

母女这一行，虽然借到了钱，解了燃眉之急，却迎来更大的危机。

借贷中日子又度过了两年，董竹君12岁了，仍然住在那间土房子里，不同的是，房子里时常弥漫着浓浓的中药味，把门窗全部都打开也不见得消退。高利贷的利息一天一天地上涨，原本就黑瘦的父亲更瘦了，站在风中犹如一根纤细的柴火。

董竹君长大了些，不再扎通天的辫子，可以自己用两根红绳子在头上绑两个小辫子，就像电视里的哪吒那样。一张小脸长得更精致了些，眼睛水灵水灵的，像是会说话般。

她已经很久没上学堂了，有时候随着娘亲出门路过私塾，总忍不住多看两眼，想起在私塾认识的小伙伴，想起先生的赞美，想起琅琅的读书声。那张她用得已经很旧很旧的课桌，在她的印象里都还是散发着木香的。

1911 年，一位将来会影响她一生的男人，夏之时在四川成都市亲自领导并取得了龙泉驿起义的胜利。而她还困在这间土房子里，每天与母亲为了借钱而奔波。这就是董竹君的人生，她一生都在奔波，童年时为了生活奔波，结婚后为了儿女奔波，富裕后为了祖国奔波。

这一次与母亲出门并没有借到钱，反而遇到了追债的冤家。亲戚早就不再搭理董氏一家，就连放高利贷的黑老板也恶言相向逼他们还钱。

有一次傍晚，一家人正在吃饭，几个穿黑色衣服的强壮大汉踢坏了门闯进来。董母赶紧护住女儿，董父拦住来人，低声下气地讨好着。

几位大汉根本不领情，也不讲理，掀翻了桌子，嚷嚷着不还钱就砸东西，而后才发现也实在没什么东西可砸，最后留下几句狠话又摔坏了一个碗才离开。

母亲瘫软在地，一个劲地叫苦连天，父亲默默地收拾好砸落在地的桌子、碗筷，捡起碎得稀巴烂的大碗。

那天晚上，父亲问董竹君："恨父亲吗？"董竹君摇摇头，眼眸清澈而充满了坚定。

董母看着女儿的身影走了神，董竹君被母亲盯得心里有些发毛，那眼神太复杂，董竹君不知道母亲在想什么，只觉得，母亲看的仿佛不是自己，又是在看自己。

　　这一天晚上，这间平房出奇地安静，周围没有狗吠，没有猫叫，母亲睁着眼睛没睡觉，却也不说话。长在巷子深处的牡丹悄悄地长出了花苞。

当卖唱成为唯一出路

入夜了，上海滩笼罩在一片朦胧的幽黄之中，此时若走出一位撑着油纸伞的佳人，便更给这惆怅的夜多添了几分哀伤。

五马路一带是与董竹君家截然不同的世界，那里有歌声，有漂亮女人。这些女人脸上总挂着笑容，隔着好几条街还能听到那里传出的笑声，似乎她们从不曾有烦恼。

董竹君私底下其实很羡慕姑娘们那一身漂亮衣裳，但总听说这弄堂里名声不太好，之前的羡慕便全然消失了，取代的是满满的厌恶。可她不曾想到，不久的将来，自己也将成为这弄堂的一员。

1912 年元旦，孙中山宣誓就职，宣告中华民国成立，不久以后，中华民国政府也正式成立了。人民的生活大部分都好起来了，可这大部分人并不包括董竹君一家。

辛亥革命是为推翻腐朽的清王朝而发动的革命，革命爆发后中国所有的男子都剪掉辫子以示"革命"。董父也剪了辫子，其目的其实并不是为了革命事业。并不是他不爱国，他是穷人，一家人生计都还顾不上呢，哪来的时间革命，他只希望剪了辫子，或许能剪掉过去的晦气，当时他是满心欢喜的。

董竹君听说以前的陋习都要改掉也兴奋不已，立刻跑到屋子里把缠着脚的破布扯掉，小脚丫没了束缚，踩在地上都觉得无比舒服。从她懂事就不喜欢这破布，也不理解为什么要裹脚？为什么要求三寸金莲的美感？为什么为了这些莫名其妙的规定把自己的脚弄得生疼？

趁母亲不在的时候她总私自扯下来，常因为这件事情被母亲教训，也正因为她的"叛逆"导致她后来在长三堂子卖唱时被堂里大姐讽刺。

父亲在一家人持续的借贷中保住了性命，可没有钱买补品补身体，力气远不如前，再也拉不了车。

那几个大汉来家里砸东西时，董母其实想到了解决的办法。经过一再思虑，她打算就这样去做了。

那天，董竹君穿着家里洗得掉色的灰色补丁麻布衣奋力地搓着父亲的衣裳。董竹君那时候还没有娘亲的功力，手掌搓得通红也不见把污渍搓去一些。

董母做了短工回来看见孩子这样辛苦，便更加坚定自己的想法。进了屋子便拉着丈夫商量起来。让孩子去学唱戏，前阵子在巷子里听几个女人唠家常说起唱戏的挣钱多，3 年能挣 300 大洋呢。

董父听后第一反应自然是责怪董母，即使再怎么穷也不该这般没人性，孩子要是进了弄堂，这名声就变坏了，将来还怎么嫁得出去？

可冷静一想，这日子已经穷得揭不开锅了，债务利息一天比一天多，这样下去指不定哪天一家要活活饿死啊。借给他们钱的人也不是什么善人，因为还不起钱被砍手、卖女的事情他也听得不少。

董父看着女儿满心愧疚，却还是对董母说了句："就这样办吧。"

董竹君洗好了衣服进门便隐约觉得气氛不对劲，她清楚地记得那天父母看她的眼神里有一种很奇怪的情绪，她说不上来是什么，后来才知道，原来父母眼里的情绪是愧疚。

董母接过孩子手里的活，拉着她到饭桌前坐下，问道："阿媛，我们去学戏好不好？"

董竹君疑惑道："都没钱上学了，学唱做什么？"

董母没和她说要进堂子的事情，只让她先学着，出于对母亲的信任，董竹君答应了下来。

13岁的董竹君又比上一年长高了些，不再绑哪吒的两头丫鬟辫，她把头发留长了，用红绳子绑了一条长长的辫子放在身后，她长成了一个靓丽的少女。重新背起那红绿色帆布包，和师傅学京戏去了。

董竹君天资聪颖，加上好学，一年下来学唱的本事已经学得炉火纯青。邻里们饭后总能听到董家传出的阵阵歌声，悦耳极了。但总有些人甩着衣袖哀叹道：多好的姑娘啊，竟做了戏子。

时至今日，仍然有人对戏子不屑甚至厌恶，认为戏子无情，戏子薄情，戏子轻浮。三百六十行，行行出状元，对戏子的职业歧视显然是不公的。很多时候，介于个人出身，生活环境，不可能所有人从出生就是从事光宗耀祖的行业。

又是因为经济拮据，董竹君才学了一年戏又遭辍学。又是那一句"孩子啊，咱家没有钱了，明天不上学了"。董竹君每次都坦然地接受了，她从未抱怨，从不因父母的决定生气。

13岁的董竹君想和母亲出去打零工，无奈年纪太小不被录用，只能在家里做些家务。

那些日子总觉得家里气氛怪怪的，父母总窃窃私语，被她撞见就又不说了。她总觉得这日子太宁静，是不正常的宁静。她期待知道是什么但直觉又让她害怕知道是什么。可这一天终究还是来了。

晚餐时，董竹君贴心地帮父母盛好稀粥，母亲却接过她手里的活："阿媛，让娘来，你父亲有事要与你说。"

董竹君双手在衣服上蹭了蹭，把水擦干坐到父亲旁边："父亲，什么事？"

董父看着自己13岁的女儿，到嘴边的话又活生生地咽了回去，做了个深呼吸，不料气一时没顺好，不住地咳嗽。

董竹君慌忙站起，给父亲轻拍后背顺气。董母见状，嘴上骂骂咧咧，但还是给丈夫倒了水。最后还是她把董父要说的话说出来了。

"阿媛，父母想让你去五里路的长三堂子里唱戏。"

董竹君没有立刻接话，只是瞪大了眼睛看母亲。住在巷子里的叔叔伯伯都说长三堂子里的姑娘不是好姑娘，现在父母为何又让她去这样的地方？

董父清了清嗓子，把自己的音量放得很轻，与董竹君解释道。家里欠了很多高利贷，利息每天都在涨，本来他和妻子计划着自己病好了出去工作很快就能还上，谁知道他这身子骨一天不如一天。

追债的人可不管这么多，这些亡命之徒成天只想着自己的利益，为收回钱他们遭受的威胁已经够多了。

亲戚和他们彻底地断了联系。当下最迫切的事便是要把这一大笔钱先补上。他们两口子老了也没什么本事了，唯一能指望的只有董竹君。

他们已经同弄堂老鸨谈好了，用女儿3年时光换300大洋，这样一来，债务解决了，房租也交得起了。

董竹君低下了头，目光竟不小心落到那一碗稀粥上，她才突然想起，似乎只有正月初一家里才能吃上口白花花、热腾腾的白米饭。满头白发的父亲再也没了她心目中英姿飒爽的威风。娘亲眼角周围也布满了一层层褶皱，学堂先生教过他，这个叫皱纹……

怕孩子多想，董母立刻又慌张地跟女儿解释道："我与人家说好了的，只做清倌人。"

长三堂子其实就是一个高级的妓院，对姑娘要求很高，个个貌美如花，多才多艺。管事的叫老鸨，她供姑娘们吃喝，姑娘们替她挣钱，可谓是衣食父母，所以一般老鸨都被唤作"妈妈"。

董母提到的清倌人指年纪小，不满16岁，卖艺不卖身的青楼女子。

董竹君咬了咬下嘴唇，随即抬头看着父母轻轻地点了点头。后来在《我的一个世纪》中董竹君曾提起过这件事。她当时这样说道："在私塾读书时曾读过，割股疗亲，卖身葬父，都是为孝，我就这么做吧，让两位老人过点好日子。"

世人常说，百善孝为先，却极少有人能做到像董竹君这样的。

第二天，堂子里来了大红花轿接董竹君。董父心里想着，孩子第一次离开自己，怎么样身上也该带点钱，于是天还没亮便出去找活。

妓院里来了人，还带来了一对金镯子，一副耳环，胭脂水粉，一件穿起来根本不合身的绸面灰鼠皮袄，一件紧身的白布背心，一条黑缎裤，一双黑鞋和白布紧袜套。董母亲自帮董竹君打扮起来，拿着水粉小心翼翼地往董竹君脸上抹，生怕稍微一用力就会碰坏了。

董竹君看着镜子中的自己不禁失了神，那一头乌黑靓丽的长发自然地散在她纤细的腰上，饱满的双唇抿上了口脂显得更诱人了些，双嘴一张一合说话都像是有生气的樱桃。

她才 13 岁，看起来倒像是 16 岁的标致小美人儿，将她比作小西施真是一点儿也不夸张。可惜抬花轿来的不是她未来的夫家，而是妓院！

母亲亲自把水金花镯套在董竹君手上，心里不住地希望这样能把女儿套住。就像读过鲁迅笔下的闰土，民国时受封建思想影响，父母总给自己孩子戴上金项链，金手链，喻示着把孩子牢牢套在身边。

妓院派来跟随的阿姨左右扭动，一脸吃了蜜的样子走进来，用大嗓门嚷嚷着，哎哟，这姑娘可真俊，将来啊，一定有出息。

那顶红色的大轿子实在太抢眼，才停下不到一炷香的时间，董家门口堵满了看热闹的市民。不明所以的人丈二和尚摸不着头脑，看得懵懵懂懂的。这董家姑娘才13岁便找了亲家？

有些人眼明，看到轿夫和风骚的随从阿姨立刻就明白了怎么回事，回过头与后边的人说："嗨，小西施啊，入红尘啰，年纪还小，看来是做清倌人去了。"

趴在门外的小孩歪着脑袋看热闹，大人说阿媛姐姐做清倌人，他也跟着说清倌人，至于清倌人是什么，他才不在乎呢。

随从阿姨见母女俩忙活完了，身体一倾，靠在董母耳边笑眯眯地提醒："她娘，时候不早了，倌人要赶路啦。"

董母一听，急得乞求再等一下的话说出来都带了哭腔。

董母再一次嘱咐道："阿媛你要记住，不管别人如何，你只管唱你的，其他的我们什么都不管，我们只做清倌人。"

董竹君用力地点头，算答应了。马上就要离开了，董竹君总心不在焉地盯着门口，她这一早晨都没见到父亲，她想再看一眼父亲就走。她把想法提出来以后，被随从阿姨以时间紧迫毫不犹豫地拒绝了。

她上了轿子，却坐立难安，别人都说轿子舒适，可此刻在董竹君心里，她宁愿自己徒步。

随从阿姨点了鞭炮，伴着噼里啪啦的鞭炮声抬着轿子离开了。

董父回来时，鞭炮的火药味还没全部消退，他惊慌地冲进房里，只看见独自坐在桌前的妻子面前放着红纸包成条的钱，他张了张嘴最终用抖动的声音问道："阿嫒走了？"

董母用泄气的声音回答道："走了。"伸手把面前的钱推远了点。

董父死拽着手掌突然松开了，几枚几十文的铜钱零碎地掉在地面上，发出小小的叮当声，然后安分地躺在董父脚边。地面上用石头歪歪扭扭刻着：父亲，阿嫒很快回家。

从客人身上增长见闻

古往今来，青楼女子总是受着世人的轻慢和冷眼，杜牧的《泊秦淮》中说：商女不知亡国恨，隔江犹唱后庭花。可又有谁知道，台上的戏子唱的都是他人的故事，朱唇轻声起，心底泪欲滴。

1913 年，正是民国二年冬末春初，董竹君被送去了妓院里当清倌人。正是此时，她认识了夏之时，增长了新见闻。

董竹君从家里被抬到了堂子，下轿时门口放了一束红纸包裹着的稻草，意思是烧掉晦气，怕影响他们发财。那时候她非常不明白，也觉着不公，难道穷人就晦气？

董竹君住的是二楼的左厢房。回房的路上遇到人总不免对她品头论足一番，说她贫穷，说她漂亮，但说得最多的是她的大脚。她觉得在这里生活非常痛苦，因此很少说话，很少笑。

妓院里的女子一律不能用父母给的名字，到了堂子就要听"妈妈"的话，名字也得改了。那时候董竹君就顶着"杨兰春"的名字卖唱。也是那一年，董竹君拍了有生以来的第一张照片，穿的是当下最时髦的衣裳，绑的是最好看的发型，戴的是她最喜欢的饰品。她是上海滩时尚的标志，可她心里竟这样沉闷，她始终没有笑。

董竹君在师傅那里学的是老生，进了弄堂就是老鸨的摇钱树。一开头别的姑娘只有两三张局票，而她的水牌却写满了，并且每天还在不断增加，一直加到50，60。

为防止姑娘跑掉，老鸨总会在她们身边安排一个阿姨，照顾董竹君的阿姨姓孟，知书达理，态度文雅，董竹君唤她孟阿姨。

第一天见面，孟阿姨叫了老鸨给她取的名字：杨兰春。董竹君耷拉着脑袋问道，杨兰春是谁？她叫阿媛，不叫杨兰春。那股执拗着实把孟阿姨震撼到了，觉得她和堂子里的姑娘不一样，于是待她如亲生孩子般照顾。

这一天入夜，董竹君被孟阿姨催着出局了，拉弦师傅早早地在台子上等着。董竹君害怕地看着孟阿姨，总担心出什么事。

孟阿姨笑眯眯地说道："傻孩子，你是小先生，他们不会拿你怎么样的。"董竹君这才放心了些。

1913年，袁世凯窃取革命成果，做起了皇帝梦，他为除后患下令把孙中山一派人全部抓起。妓院是一个私密性非常好的地方，所以不少革命人士都把妓院当成据点，在此商讨大计。而董竹君那时并不知道这些事情。

1913年3月，堂子里来了几位文质彬彬的客人，之后越来越多，即使相貌不同但身上的气质却非常类似，董竹君不禁多看了两眼，觉得气质不凡，总想不通如果是好人又为何来这烟花之地？

有一次，她累了，唱得有些不认真，往常出现这类情况董竹君总免不了惹出麻烦，但这次意外的什么都没有发生。董竹君意识到，这些人醉翁之意不在酒，心思全都在谈话上，并非来听戏。

董竹君对他们的谈话内容也挺感兴趣，经常边唱边竖起耳朵听他们谈话内容。听得最多的无非就是孙中山、袁世凯等人的名字。以前在家里也听父亲说起过一点点，究竟是什么事情让这些客人义愤填膺？

后来她听到的内容多为：鸦片战争后，清政府被迫签订了《南京条约》，列强企图瓜分中国，使祖国民不聊生，说到太平天国运动天京失守，内部动乱引起的辛亥革命，说到英国、法国、德国、俄国、美国、日本、意大利、奥匈帝国八国联军侵华，说到庚子国变（义和团运动）如何削弱了清政府的统治能力……她听得一知半解，却非常感兴趣，她想，这些人到堂子来既然是为了商讨国家大事，想必人品不坏，于是他们谈论时她总偷偷地在一旁听着。

一天中午，董竹君闲着，便下楼来透透气，迎面走来几个打扮时髦的男人。其中一个穿灰色长袍黑缎马褂，长得高大英俊，看起来25岁左右的样子，与同伴谈话时尽显文雅。在楼梯撞见她还主动给她让路，同伴招呼他为夏爷，董竹君对这个人的第一印象极好。下来便悄悄和孟阿姨夸赞说这位夏爷非常绅士。

第二次见到这位夏爷时，他穿着白色笔直西装，专门点了她的局子。董竹君穿了一身白色绸缎衣出局，唱了较悲伤的曲子，却感动了夏爷。他看着台上启唇缓唱的董竹君，心头莫名地悸动了。从此，他的眼神再也离不开这个女子，他每次来长三堂子都只点董竹君。就是与同伴谈论事情时他的眼睛也离不开台上的董竹君。

因董竹君相貌姣好，气质出众，不少来过堂子的先生都喜欢她。董竹君回忆时提到有几个人是真心喜欢她的。有一个是苏州人，长得清秀，别人叫他七少爷，每次来堂子穿的衣服都是上等的料子。一个是陕西人叫井勿幕，另一个是湖南人柳聘农，还有就是夏之时了。

夏之时喜欢董竹君，却不像井勿幕，一看见她就脸红得说不出话，更不像柳聘农趁她生病拿着手枪冲进房里逼她嫁给他。夏爷和她接触时与其他人完全不一样，不和她开玩笑，不会拿着枪威胁她，因此董竹君对他非常放心，也常与他聊天，知道他叫夏之时。

有一次，夏之时在街上遭围捕，无奈之下只能逃往长三堂子，藏进了董竹君房间。董竹君进来看到，惊讶于他为何没带同伴独自过来了？

夏之时没说明原因，反而趁此时关心道：“家中有什么人？父母如何？像你这样气质的女子不该来这样的地方，是因什么沦落至此？”

董竹君自从进了这堂子之后，除了孟阿姨会对她嘘寒问暖以外，从没人这样关心过她。见夏之时这样诚心也就把实情都告知了他。他听后非常同情董竹君，但又不得不赶快离开堂子，所以两人后来也没说些什么。

这件事后，董竹君开始打听夏之时。得知夏之时早年留学日本，后来投入孙中山领导的辛亥革命。在四川成都龙驿带兵将镇守使田征葵活捉杀死，推翻清政府后成为四川副都督。后来两政府合并后，夏之时辞去都督一职。后来还担任了重庆任真富府总长，但因为仍想去日本深造，报效祖国，于是辞去职位。来到上海是为了向孙中山、黄兴汇报情况，共同商议反对袁世凯大计。

董竹君又听客人们说起日本明治维新后国家是如何昌盛，日本风景好，却都是人工建筑，中国虽地大物博，国人却不加爱护。比如圆明园的毁灭就实在让人心疼，统治者动用了大笔资金修建，里面放了那么多金银珠宝，结果还不是被列强抢个精光，说来都是统治者懦弱。

堂子里灯红酒绿，董竹君的心思其实已然悄悄地转移到了别处。与夏之时的相遇给董竹君的生活带来了一些新鲜的东西。

她忍不住想，夏之时是如何当上都督的？他究竟经历了些什么？但想得更多的其实是，他们这些革命人士为什么总关心人民生活？为什么肯为了国家豁出一切？这也许就是先生教导的国家兴亡，匹夫有责吧！

她待在房间里，手里捧着琵琶找了把椅子坐下，垂眼看琴，手指拨动着琴弦弹着曲儿里尽是她愁苦的心思。因为这乱世他们一家人受尽了折磨，因为穿着破布衫就要遭人白眼，穷苦人家的孩子叫贱骨头，有钱人家的孩子叫千金、少爷。

越往下想手里的力道便又加重一分，她恨，恨这与生俱来的不公，恨这不开眼的老天爷，总让好人受罪，坏人享福。

"砰"的一声，琴弦断了，划伤了董竹君的手指，她竟潸然泪下。她恨又有什么用呢，她连自己都保护不了，只有靠这堂子才活得下来，衣服都还是堂子的。

童年时期因贫穷，亲戚家一孩子被活活烧死，家里人带着钱去的时候孩子已经没了，好几个亲戚因为疲惫过度横死在街上，据说尸骨都找不到。

孟阿姨端了茶水进来，看见董竹君右手刮伤了口子立刻放下茶水给她找出了药酒，关心地问是怎么回事。

她与孟阿姨说起自己所想。以前姆妈告诉她，他们穷是因为命不好，只要他们这辈子多做好事，下辈子就不会贫穷了。她虽然听不懂上辈子下辈子究竟是什么但也明白要做个好人。直到现在她才知道，根本不是什么命数，而是这个社会让他们一家过得如此辛苦。

董竹君便在心底暗暗立誓，将来她若有能力绝对救那些受尽苦难的人们脱离苦海。她也是祖国的子孙，是祖国的一份子，祖国好起来了人们才能幸福。

13 岁的孩子心里长出了一颗小小的爱国种子，这颗种子在不远的将来慢慢地长成了参天大树。

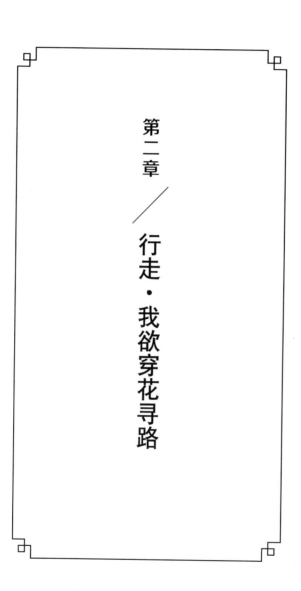

第二章

行走・我欲穿花寻路

铁链锁住梦想翅膀

　　堂子后院里种满了各种花卉，蝴蝶在花丛中双宿双飞，似梁祝般幸福，至少，它们是自由的。

　　董竹君坐在窗前看得着了迷，孟阿姨叫了好几声也不见答应。她想着，不知道父亲的病好些了没？姆妈还出去干活吗？还时常与人发生口角吗？巷子里卖糯米团的婶婶生意如何？私塾里先生又讲了什么内容？

　　孟阿姨上前拍拍她的肩膀，叫她到镜子前坐好，而后问道："叫了好几声都不答应，想什么这般出神？"

　　董竹君看着孟阿姨的眼睛认真地说："孟阿姨，我想我父母，能回去看他们吗？"

　　孟阿姨停下了手中的动作，叹了一口气才告诉她，这里的姑娘来了就别想出去。况且她是抵押过来的，又是红人，老鸨怎么可能舍得让你这棵小摇钱树走呢？她要把你叶子都摇完才罢休啊。

　　董竹君还是不明白，又有些委屈地问，那为什么父母也不来看她，是不是不要她了？

　　孟阿姨伸出食指嘴里嘘了一声，董竹君疑惑地停下了。孟阿姨赶紧把门窗都关上，开始与她讲起妓院的种种故事。

　　孟阿姨告诉董竹君，她只是出堂差，唱戏台子，不知道这堂子里还有一类姑娘是卖身的，还有一种是卖唱又卖身。

　　为什么呢？这些姑娘有的是老鸨从街上拐卖过来的，有的是像董竹君这样被父母抵押进来的，来时讲好只做先生，可成了大人老鸨一样让她们卖身，要是不从就又打又骂，还不给饭吃。等你来了月事便是大人了，老鸨就会让客人竞价你，那时你也要去接客了。

　　董竹君还是听得模模糊糊的，可是父母说只做3年就能回家了。孟阿姨听完直骂她傻姑娘，还说父母对这里不了解，是给人骗了，很多姑娘来的时候是这样说，可最后还不是都卖了身，没一个能真的回去。

　　董竹君听后手臂上居然起了鸡皮疙瘩，后背一阵发凉，她拉着孟阿姨的手着急地问有没有什么办法脱离这个地方？

　　孟阿姨告诉她，除非有人肯赎你出去做个小妾什么的，否则啊，老鸨得等你老了挣不了钱了才放你回家。董竹君不明白，为什么要做小妾呢？既然出去不能做正正当当的夫妻又为何把她赎出去？她父亲也只有姆妈一个女人，夫妻不就应该向父母一样吗？

　　孟阿姨又与她解释，有钱人家都是三妻四妾，青楼出身的女子能做小妾已经很不错了。董竹君听后非常不满，她仍然认为这做法是不对的，女人不顾一切地与你在一起，既生孩子又持家也是非常不容易，凭什么就要受这样不公平的待遇？

　　孟阿姨又说道："我看那个常常找你的夏先生就不错，他遇到我时还同我询问了你的情况。不过家里也有妻子，还有个几岁的小男孩，不过将就着日子也就过下去了。"董竹君听到这个消息，对夏之时的好感一下没了，以为他和那些三妻四妾的男人一样，不是什么君子。

此后夏之时来听戏，董竹君对他也是冷冷的，有时还故意躲开他。夏之时受不了心爱的女人对他这般态度，于是拦住她问原因才知道，她是为他太太的事误解他了，这才解释道：他与家里太太是受父母做主才结合，并没有感情，和她结婚不久就去日本念书了，很少有信回家，现在那个女人又染了肺病。而他对董竹君的感情是真的。

董竹君根本听不进解释，孟阿姨也劝不动。一天中午，董竹君走到凉台上，望着底下行人，她看到男男女女都过得自由自在，他们为生活忙碌着，脸上挂满了笑容，可她呢？她恐怕一辈子都要在这火坑中度过了。见不到父母，抬头只有这堂子里的云朵，脚下只能踩着这堂子的土地，将来做了大人还要卖身。两行冰冷的水珠从她脸颊滑过，她无力地摇着头从凉台上退了回来。

孟阿姨撞见了赶忙上前劝道："傻姑娘，夏爷没有骗你啊，我已经向红鼻子陈子驭、陈明谦打听过了，他们都知道夏爷太太病危，也知道两个人没有感情，都替姑娘留意着夏爷呢，夏爷是真心喜欢你，你这姑娘怎么就这么倔呢？"

董竹君心想，老婆还没死呢就开始物色新夫人，这要是被他家中那位患了病的太太知道了岂不活活气死？

夏之时也亲自找她谈心，当面表达了心中的愁苦，他说："我是真的喜欢你，在这些姑娘中，你总是那么奇怪从不见你对谁笑过，你究竟有什么心事？你可知道这堂子不是什么好地方，答应跟我结婚我就可以带你离开这鬼地方，可你一直不言不语，我也不知道你心里想的是什么，不敢贸然替你作决定，不知道你是不是也喜欢我。我朋友们都说这里的姑娘无情无义，可你不是这样的，你美丽，踏实，聪明。那么多人钦慕你，我实在担心啊。"

董竹君还是介意他的妻子，于是没有立刻答应他。谁料想才过了一阵子，夏之时再来找她便是带着四川发来的他妻子去世的电报。那时候夏之时心情是极其复杂的，他开心是因为终于能娶董竹君，难过是因为毕竟这太太也给他生了一个儿子，人心都是肉长的，说一点感情都没有那是不可能的，只是这份感情不是爱情，他的心都给了董竹君了。董竹君心里是感动的，也安心了些，但还是拿不定主意，于是和孟阿姨商量。

孟阿姨帮她出主意的事情被老鸨发现了，于是换了另一个叫三宝的年轻直率的女人给她，30多岁，脸上有麻子，话不多但却非常聪明。她同情董竹君的遭遇，会陪着董竹君一起落泪。

1914年，外面抓革命抓得更厉害了，董竹君也很久没看到夏之时再来堂子，他是走了吗？董竹君总忍不住地想，他一定是走了，回四川去找他过世的老婆去了。

董竹君和平常一样出局给客人唱戏，有一次，她无意间听其他客人闲谈说袁世凯正在抓革命党，还花了3万抓一个姓夏的都督。这时她才大悟，夏之时不是回四川，而是躲起来了！

一天夜里，董竹君被自己身下的黏稠感吓醒，她来月事了！此时此刻她内心是那么迫切想要见夏之时一面！她害怕得大哭起来，三宝进来也吓坏了，忙叫她别哭，惊动了老鸨这事就瞒不住了！

第二天大早，董竹君与三宝找了个借口瞒过老鸨叫了辆黄包车立刻往夏之时信里提到的一家日本旅馆赶去。

即使事隔多年，董竹君仍然对那天的事情记忆犹新，她从未见到过一个男子看到她进门时那望眼欲穿的眼神，然后哭得不成样子，抱住她的时候仿佛用尽了全身的力气，他哽咽地说着想她。那时候，董竹君知道，她也喜欢他。

这次见面是两人确定了彼此的感情，董竹君心里高兴了些，可回到堂子后，不知道怎么回事，姑娘们都知道她与夏爷的关系，从此老鸨对她的行踪控制得更严厉了，她回来后就再也没出去过。

某一天夜里，夏之时的同伴急急忙忙地找到董竹君告诉她夏爷对她相思成疾，希望她能出去看他一眼，董竹君以出局子的理由偷偷地来会见了夏之时。他更瘦了些，似乎不知道她会来，就这样皱着眉头躺在床上。董竹君轻声叫他，他睁开眼还以为是幻觉喃喃自语道："这幻想怎么出现得愈发频繁了呢？竹君我可真想你啊。"

董竹君心一紧眼泪掉了下来，这一生还从未有人待她这么好过，夏之时是第一个。夏之时这才发现这是真真切切的董竹君，他惊喜地坐起来，叫道，这真是和梦一样美好。

夏之时同她说这段时间里他派人和老鸨交涉要把她赎回来，老鸨开价 3 万才肯赎给他，可他没那么多钱，他心中郁结加上思念过度于是就病了。把她接应出来的应该是夏之时哥哥派的人。

董竹君一听觉得很气愤，觉得老鸨把姑娘们都当货物卖，着实过分，她眼珠子骨碌一转，拒绝了夏之时的赎身。夏之时以为董竹君又不愿嫁给他了，一时着急得很。

董竹君觉得又好气又好笑，于是跟他解释道：我要自己逃出来，让老鸨一分钱都赚不着。她向夏之时提了 3 个要求，若不答应就算是拿钱赎她，她也绝不出来。她就是这样的女子，只做自己认定的事情。

夏之时连忙答应了，说就算 300 个条件他也一定会做的。

董竹君回到堂子时已经很晚了，董竹君以前听孟阿姨说姑娘们要是私自出去会被老鸨打骂，以前有个姑娘年纪也同她一般大，局子接得少做事忤逆了老鸨一次，后来被关进了柴房，两天不给吃喝。董竹君对老鸨厌恶极了，觉得她们这些人和豺狼一样狠毒，吃了肉喝了血之后还想着拿皮来做衣裳，她回来后借故说身体不舒服回房待着，一趟堂差都没有出。

老鸨一向器重董竹君，也没多想说了几句下次不准这样便放她回房歇着去了。董竹君走后，老鸨刚才的那副笑脸说收就收，跟变脸一样，旁人看得精彩极了。

董竹君进这堂子一年了，今天才仔细观察了堂子，这才发现都是铁门铁窗，门口还雇了大汉站着，活脱就是一个奢华的监狱。自己就是这金丝笼里没了翅膀的鸟儿。

为爱逃离

　　董竹君房间的墙上挂着一幅日本画，画里的女人梳着高高的发髻，撑着油纸伞站在桥上，画面清晰而又朦胧。

　　董竹君借病不做生意的方式后来被老鸨发现了，老鸨也不责怪她，居然亲自端着上好的燕窝进了董竹君房间，董竹君一看这架势就明白老鸨这是劝她来了。她躺在被窝里不愿出来。

　　老鸨自己找了椅子坐下，假装为难地与董竹君解释，现在世道乱，她也不想开这堂子，可生活所迫，希望她理解她。董竹君早就看透了她的小心思，就是不理会她，老鸨见她不答应觉得没趣也就走了。她想，过不了多久老鸨见她没用也就放她出去了。董竹君毕竟年纪还小，哪里知道老鸨怎可能就此罢休。

　　堂子里所有人都知道她是装病的，可拿她也没办法。老鸨见她软的不吃便给她来硬的。早晨，董竹君在房里看着那幅日本画出了神，突然闯进一群大汉，董竹君不慌不忙地站起来，冷静地看着这些人，很快就看到老鸨从身后走出来对她一顿破口大骂。

董竹君心里更厌恶老鸨了，她们依靠流氓、邪恶势力开这妓院着实让人倒胃口！她清楚地明白整个妓院里就数她挣的钱最多，这么个摇钱树老鸨怎么敢打她，打坏了就真的出不了局子了。老鸨实在无计可施，摆了摆手说道："罢了罢了，你不是想回家吗，现在就送你回家让你休息个够。"

董竹君有些讶异，心想着这么简单就放她走了？谁知老鸨送她回的这个"家"在西藏路的一条弄堂里。她被关在二楼的房间里，门口有两个男人轮流看守她，每天除了给她送吃食的人，就看不到其他人了。

董竹君暗叫情况不好，这样的话她要怎么才能逃出去，怎样才能和夏之时见面。她想起自己提的 3 个要求：第一是不做小老婆，第二是要去日本留学，第三是回国后组建一个家庭。

董竹君站在镜子面前，看着自己白皙的皮肤，精致的脸庞，不住地开始幻想她逃出去以后，夏之时答应她的都做到了，那时候，他忙国家大事，她就做他的贤内助，相夫教子，多么美好的事情。她渴望了那么久，绝对不能就这样放弃，她一定要逃出这个破地方。

她观察了周围，四面高墙耸立，要想出去只有走正门，当下最主要的就是要对付门口这两个守卫。那么又要怎么对付呢？

董竹君心里早已有主意。她看着天上皎洁的圆月，想起她是为了父母才到这妓院来的，如今老鸨不守信用，所以她只能另求出路。她双手合十虔诚地许了个愿，希望自己今夜一切顺利。

而后，她经常邀请两个守卫大哥一同喝酒谈闲话，慢慢地打好了关系，守卫也对她放松了警惕，有时候还劝道："这老鸨虽然的确可恶了些，可杨小姐，好好听她的话就不必受这么多苦了，你又何必呢，还是回去做生意吧。"

董竹君故意长叹了一口气，装出一副动容的样子，心里却无比坚定。守卫大哥以为她毕竟是个孩子，听他们这么一劝便想通了，于是就放松了警惕。董竹君说想吃堂子不远处的鸡蛋糕，他们毫不怀疑地去买了回来，回来后看见她心情不错的样子便更加确定她是想开了，不久就要回堂子。于是就算董竹君快到 2 点的时候叫他们过了三条马路帮忙买水果他们也毫不犹豫地去了。

守卫大哥一走，董竹君就像重获新生般兴奋。她把身上老鸨给的绫罗绸缎全部脱下，只剩一套单薄的白色衣裤，耳环、戒指、手镯等饰品也都摘了下来，只拿了两毛钱，她心想：这辈子都不要再看见这些东西了。可能是妓院的遭遇使董竹君一生对珠宝首饰不感兴趣，她后来拍照时的照片真如竹般朴素淡雅。

1914 年 4 月，北洋政府与法国驻沪领事馆签订《上海法租界外马路划分警权协定》划分区域比最初扩大了 15 倍，从小陪伴她的洋泾浜被填海筑路。

深夜 2 点，4 月份的夜上海还有些寒冷，路上已无人在行走，这时，一个穿白色单薄衣裤的豆蔻女子从一条堂子慌慌张张地跑了出来，撞上一位深夜还在劳作的车夫便叫住了他，给了钱急忙叫车夫跑快些。她不时地回头张望，如果被追上捉了回去她说不定会被打死又或者更惨的后果，她不敢想象，只希望能早点见到夏之时。

终于到了地方，她敲门，是一个叫阿二的包车夫开的门，阿二很了解她与夏之时的事情。见到董竹君时，阿二脸上满是惊喜，激动地说道，夏爷他们正在楼上收拾行装，马上就要离开了，还好你及时赶了过来。

董竹君听此，也顾不上和阿二多说什么，急忙往楼上奔。夏之时见到她真的来了，把自己的外套脱下给她披上，一把抱住她，嘴里颤抖地说着："你真的来了。"董竹君仍心有余悸，生怕被找到，根本来不及与他详说，只着急地让他赶快走。

夏之时听后也赶紧让阿二去叫几辆黄包车，所有人都走，只留下他哥哥在这里。他们上了车，到了日本租界的一家旅馆，叫松田洋行。此时此刻的董竹君感觉真正地得到了自由，人在摆脱束缚得到自己心中所想时，就好像身体里一颗很有分量的石头突然落了地一样踏实。董竹君此时此刻就是这样的感觉。

可这时，不幸的消息传来了，夏之时的哥哥被抓了。哥哥待他很好，如今为了他进了巡捕房。他虽异常思念董竹君，盼望重逢，但每每想到此，总是满心的愧疚。董竹君对此有些小失望，当她晚年回想起来的时候她是这样说的："那时到底年轻，只顾自己。"

家里找人与巡捕房交涉，后来夏之时哥哥被罚款 1000 元就放出来，不久后回了四川。就在这时，夏之时给她取了个名字，叫"疏英"。

以前的人嫁娶总讲究个门当户对，千金配少爷，平民配平民，这才是门当户对，而夏之时，一个少爷要娶一个青楼女子，他的一部分朋友就极力反对，理由是门不当户不对，加上夏之时正被悬赏通缉，他们的结婚仪式只好从简。

在结婚照中可以看见董竹君穿的是一件白色的洋纱，看上去并不是很合身，或许是因为夏之时当时经济情况不佳，他自己也穿了一件半新不旧的燕尾服。

夏之时1887年出生于四川省合江县虎头乡大官田村，那年结婚，夏之时27岁，董竹君15岁，两人相差12岁。当时就有人笑话他们俩站在一起像兄妹，现在从照片看来，两人站的位置隔了些距离，都面无表情，直挺挺地站立，的确有这样的视觉感。董竹君晚年再翻出照片时感慨万千，也觉得有些好笑。

从青楼逃出到结婚，他们只用了两个星期，外头风声仍然紧，他们两人都躲在洋行里寸步不出。得到了自由，董竹君开始记挂家里的父母，不知道他们好不好，老鸨会去找他们麻烦吗？

婚后，两人赶紧与其他革命党人一起购买了去往日本的船票，等待的期间，董竹君听阿二说起袁世凯篡夺革命成果后便做起了皇帝梦，大肆地抓捕革命党人，夏爷是当之无愧的爱国英雄……

这一天，上海早晨云雾弥漫，董竹君一行人悄悄地离开了旅馆，来到码头。码头人山人海，非常拥挤，也很嘈杂，他们分头行动，趁乱混上了船。

说起宋家三姐妹，也是民国一段世人皆知的传奇，大姐宋霭龄嫁了山西首富孔祥熙，小妹宋美龄嫁给了蒋介石，宋庆龄排行老二，嫁给了国父孙中山。三姐妹都命运不凡。

　　董竹君没有多想，只是独自在走廊上观赏日出，回想起自己心惊肉跳的逃亡觉得无比兴奋。她也忍不住设想，如果那晚她没能逃出来，被老鸨抓到了会如何？如果她不曾遇到夏爷，她会逃出青楼这个火坑吗？她不敢想象，如果这一切都不是真的，那她怎么办？听了老鸨的话卖了身，然后只能一辈子在这长三堂子里做一片任人践踏的树叶？

　　老鸨说的话其实有一句也不无道理，她是女人，力气不如男人，生在乱世身不由己说得没错，可命运是可以自己掌握的，她是董竹君，她从不相信命运，也是这样的董竹君成就了锦江传奇。

　　海面上，一轮火红的太阳正徐徐升起，海平面与天空连成一线，橘红色的光投映在她脸上，她张开双臂，感受海面上吹来的清新空气，她仿佛闻到了大海的味道，夏之时走了上来与她并肩站着，相视而笑。时光能带走一切，却带不走每一份真挚的感情。

东方有最美的梦

能伸手触摸梦想是什么样的感觉？像踩在棉花上，轻飘飘，软绵绵，还有一丝甜甜的。

此时的董竹君就是这样的心情，在日本，夏之时帮她实现了所有愿望，还上演了一出民国版的金屋藏娇。

两夫妇在郊区租到一间别致的小独院，定居于此。董竹君最初每天搭电车进市中心学习。董竹君本就是个漂亮女子，以前在上海就有许多追求者，现在到了东京夏之时心里更不踏实了。再说，他认为董竹君年纪还小，第一次来东京，生怕她被人诱惑，爱上别人。于是聘请了老师到家中上课。

董竹君虽不理解夏之时的做法但也答应了。董竹君有一位老师叫夏斧师，和夏之时一样是四川人。夏斧师将夏之时给她取的名字"疏英"改为"董篁"字"竹君"，后来离开夏家她一直叫"董竹君"。

夏之时为了解决经济困难便开始去抵押换钱。为了董竹君的学费和一家人的生活费，夏之时一根烟抽到了尽头还不舍得丢。

夏之时又开始担心自己近乎完美的妻子会离开自己，于是严厉苛刻地对待她。日后的生活总无形中透露出对董竹君的不信任。

夏之时一门心思都在革命事业上，平时很少与董竹君讲话，也不太允许她和外人接触，一旦董竹君接触外人后他总怪里怪气的。夏之时的心思其实可以理解为自卑，毕竟董竹君是这样冰雪聪明的女子，而现在家里又一贫如洗。

一天傍晚，附近有人在吹箫。声音随风传了进来，董竹君随师傅学过一年戏，对音乐其实是热爱的。这箫声吹的旋律是那样的悲伤，就像董竹君有些郁结的心情一样，这一个个跳动的音符触动了她内心深处的灵魂。她趴在窗台上，如痴如醉地听着。

夏之时回来了，见她那副心情大好的样子又不开心起来，担心她喜欢上那吹箫之人。董竹君越来越不能理解夏之时了。有时她总觉得，两个人虽然躺在一张床上，却是同床异梦。

人的关系就是这样奇妙，即使在意一个人也不应该把她看得太紧。就像一根弦，勒得太紧，弦就断了。夏之时在这方面的确把董竹君看得太紧了。他不相信董竹君的人品，不相信彼此的感情。

董竹君只觉得有些失望，不是自己期待的那样温柔，真反倒向大家说的那样，像兄长。不过与夏之时相比，董竹君就显得优雅大度多了。

董竹君的身世一直是她心头的一根刺，出身青楼总有人对她出言不逊。与夏之时出去会客时，那些姨太太们都不搭理她，觉得一个青楼女子不配同她们讲话。男人们则觉得她怎么能给夏之时当正房呢，而且一个青楼女子能把书读出什么名堂？

　　董竹君非常受伤，却不气馁，别人看扁她，她就非要做出成果给别人看。她不羡慕那些大小姐，打心底觉得她们是靠着父母的寄生虫，没什么值得骄傲的，人应该靠自己活出价值，拼家世又有什么好光彩的。

　　夏之时非常欣赏她的志气，经常在一旁鼓励她。有了丈夫的支持，董竹君读书更用功了，深夜不息，孜孜不倦。

　　1916 年春天，夏董夫妇的第一个孩子国琼出生在东京市郊的房子。国琼是他们夫妻来日本一年后的爱情结晶，可是生产后的董竹君奶水不足，导致她无法给女儿喂奶，国琼瘦得只剩皮包骨，喂牛奶又不知道如何调剂浓度，夫妇二人既心疼又着急，可也没有任何办法。

　　恰逢此时，一位女医生送了董竹君一本《产妇与婴儿须知》，以这本书为指南，董竹君解决了女儿的温饱，体重也慢慢恢复了正常，不像以前那样瘦巴巴的。

　　整个春季董竹君虽忙着照顾孩子，但也没忘记读书，每天都过得很充实，她觉得自己是这世上最幸福的女子，每天笑口常开。

　　日出日落，一转眼便到了初夏，夏之时仍然在国内被通缉，所以托她送一份材料到上海。董竹君虽不知道内容是什么，但因为是替国家办事，她便欣然代劳了。

　　趁着这次回国，董竹君在一家旅馆见到了父母。母亲还穿着三年前那天的破衣服，不同的是上面又多了好几块大小不一的补丁。父亲比以前更瘦了，仿佛一副站着的骨架。时隔三年再见到女儿，两个老人悬到嗓子眼的心总算放下了。

双目已经湿润，却迟迟不敢上前，只哽咽地说："阿媛，是父母对不起你。"董竹君用尽全力拥紧父母，笑着跟他们说道："你们是我的父母，我怎能怪罪你们呢？"

董竹君向他们说了自己生活的概况，董家父母听得一知半解，但他们认为可能这次见面以后就永远也见不到面了，气氛总是异常地悲伤。董竹君忙着送信所以也没能多谈，最后只坚定地告诉父母她还会回来的。

不管父母曾经对董竹君做错了什么，但本意并不坏，每个父母这一生其实大多时候都是为儿女活着，即使现代也是如此，小时候忙着给孩子挣奶粉钱，长大了挣学费，再大些挣安家费，最后老了也没给自己留一笔养老。为此，董竹君这一辈子从不曾埋怨她的父母，在后期独自抚养四个孩子的时候更是把这一切照进现实。

送完信再回到东京董竹君一路上几乎滴水未进，夏之时到东京站接她的时候她已经饿得没力气回答夏之时。她用食指指了指自己扁平的肚子后，夏之时才恍然大悟带她去了餐厅。

经历了送信事件夏之时对她更加欣赏了，不住地夸她年纪轻轻便为护国战争立了一功当真是年少有为，巾帼不让须眉！丈夫的革命党伙伴们也对她刮目相看。回到日本，董竹君没有被称赞冲昏头脑，她依旧刻苦学习，老师们都非常欣赏她的聪明才智。

女儿开始长大了些，比襁褓时更需要花时间去照顾，董竹君发现时间不够用了。她与夏之时商讨了此事，夏之时便在当地雇用了一位老妇女。后来她才能念完东京御茶之水女子高等师范学校理科全部课程。

读书期间，董竹君感受到的种族歧视从未减少过，她走在路上会有小孩在她身后喊"支那人"，"亡国奴"。

女儿国琼有一次在院子里玩耍，房东的儿子想与她一起，被他母亲撞见了连忙喊自己的儿子回来，就好像女儿身上有什么传染病毒一样。

董竹君是一个非常有风度的人，别人怎么说是别人的事情，她若像泼妇一般上前咒骂就实在有失风度，才真正丢了国家的脸。那时候她就暗暗立誓将来如果国家需要，她绝对义不容辞。

她来日本念书的小梦想实现了，可心里那个大梦想却狂躁不安，她走在街上会不住地想，要是中国也发展成这般模样就好了，她希望中国重新站起来，希望丈夫的爱国事业能把那些生活在最底层的穷苦人家解救出来，她不希望回国后还看到有人饿死、冻死街头，救黎民百姓于水火才是她的梦想！

被故乡唤回的寻梦人

　　在无数游子心里，故乡一直是心中最期盼的那一轮明月，无论你走了多远，回头才发现，有父母的地方，才叫家，让你牵肠挂肚的地方，叫故乡。

　　对于董竹君而言，故乡是充满神秘感的召唤者，兜兜转转，她还是回到了那个地方——祖国。

　　1916年6月，袁世凯被迫取消封建帝制，在无数百姓的反对中暴毙。国家政权才从袁世凯的魔爪中逃脱，现又落入段祺瑞手中。此时正值第一次世界大战后期，董竹君在东京御茶之水女子高等师范学校就读，其间还打听到俄国"二月革命"取得胜利，不可一世的沙皇被革命人民推翻。董竹君心底不禁为此感到开心，她想着，专制沙皇的推翻预示着"一战"即将结束，这样世界各国人民就可以过上好日子了。

　　可情况并没有按照她的预期发展下去，军阀政府变本加厉地与帝国主义勾结，国家又陷入一片混乱。董竹君心里恨透了北洋政府，恨透了这些卖国贼，虽在外留学，但她时刻忧心着国家，期盼着丈夫早日归来，全国早日统一。

　　1917年秋季，董竹君已修完东京御茶之水女子高等师范学校所有课程，正打算去往巴黎学习法文。这时候，夏之时突然来了电报，说是四川父亲病重，让她立即回国。这时候的董竹君本不想放弃这次巴黎的求学之路，可转念想到，夏之时为了国家日夜劳累，她当初也答应做他的贤内助，国家如今这般动荡，她觉得应该回去协助夏之时，况且丈夫的父亲也是她的家人，于情于理，她都应该回去。

日本的老师、朋友们听说董竹君要回国，都打算着为她饯行。餐馆太贵，大家就到董竹君家里，买了食材自己动手。由此可知，董竹君不光是外貌美丽，人品也是大家都非常认可的。

虽然是离别，但那天格外热闹，就连1岁多的女儿国琼也心情大好地在门口的楼梯处蹦蹦跳跳。饯行完毕后家里又只剩下小国琼和董竹君，董竹君蹲下来问女儿开心吗？小国琼的小脑袋像装了电池一般，不停地点然后告诉妈妈说，爸爸说家里有很多兄弟姐妹一起玩。听后，她不禁心疼起女儿来。

饯行后第三天，董竹君买了船票踏上甲板。码头上一片嘈杂，师友们站在岸上朝她挥手，脸上流露出丝丝的悲伤，她牵着1岁多的女儿，抬起右手轻轻地挥了挥。她感觉，手臂那样沉重，像装了十斤的沙袋绑在手上。一直到船开走，她还站在走廊上，依依不舍。

在船上，女儿开心地哼着不成调子的歌，她却怎么也听不进去，她长叹一声，无心欣赏海上风景。她永远也不会想到，与夏之时再次重逢便是他们离别的倒计时。

　　回到了中国，董竹君首先惦记的是上海的父母。她先在上海找了间旅馆住下，趁机约了上海的家人见面。见到双亲的时候，还没说上话董竹君就已经泪流不止。母亲又瘦了，本来就消瘦的身体比上一次见面时更瘦了许多，但看上去还是精神十足。可父亲不是，他老了许多，眼珠深深地凹进了骨架里，脸上爬满了深深的皱纹。而姨母估计是吸食鸦片的缘故，也瘦了许多。董竹君一句话都说不出来，就站在他们面前像个孩子一样哭着。

　　董母也流了泪，带着哭腔说着，一直不知道她详细情况如何，以为以后就真的再也见不到了。董父双眼通红，沉默地看着董竹君。董竹君走上前握住父亲粗糙的大手，从喉咙里挤出"女儿回家了"五个字。董父终于忍不住背过身去用手背在脸上使劲抹了抹，回过头来说道："好，好，平安回来就好。"

　　姨母告诉她，她不在的这些日子母亲经常挂念着她，日思夜想，有时候想着想着，一夜就过去了。父亲也经常叹气，生怕她在夫家受了委屈也没个人说话。

　　董竹君擦了擦泪珠后蹲下来与女儿平视，让她向外公、外婆、姨婆问好。小国琼疑惑地看着比自己高很多的大人，听了妈妈的话，奶声奶气地问好。

　　一家人终于破涕为笑，董父董母都非常想抱抱外孙女，但因为自己穿的一身衣服破烂不堪忍住了没敢抱。董竹君看出了父母的顾虑，便叫女儿快上前去让外婆抱抱。

　　董母羞愧地说自己衣服质地不好，扎着孩子就不好了。

　　听到这里，董竹君心酸，告诉父母国琼不是什么娇气的小姐，以后不许说这话了。小国琼迈着小步子向董母伸出了双手。

　　吃饭时间，一家人其乐融融地聊起家常来。姨母一直问她，夏爷对她好吗？为什么这次回国他没有一同回来？

　　董竹君解释了丈夫的情况后又问到家里二叔、三叔、姨夫的情况。经母亲解释才得知二叔夫妇还是以卖报为生，但是现在订报的人比以前多了，日子虽不富裕，但勉强也能填饱肚子。

　　三叔一把年纪了还是推独轮小车做生意，货物、人、牲畜，只要有生意上门就什么都推，可挣得仍然很少，现在还没娶老婆呢，别人都嫌穷，怕嫁过去受苦，董母还说道，她也知道一家人能帮就帮，可家里这个情况实在帮不上什么啊。

　　董竹君姨母说起自家丈夫更是止不住地叹气。说到自己的情况，家里做的是给死人做纸衣服和杂货店混合的生意，可丈夫染上了鸦片，以前只是偶尔抽，现在都离不开身了，害得自己也染上鸦片好久了，家里也渐渐被抽穷了。

　　董母和姨母话比较多，很快她们又同董竹君说道，街上的叫花子还是很多，都是到饭店里，等客人走了捡些剩饭剩菜来吃。有一个叫花子叫阿憨，没有裤子穿，下身围几块垃圾堆捡来的破布，夜里在长三堂子弄堂里扯开嗓子求人家赏口饭。这个阿憨董竹君没去日本之前就认识他。外国人还和以前一样欺负老百姓。外国军人坐了老百姓的黄包车从不给钱，车夫要是开口问就用脚踹。

董竹君心里失望透了，果然，她离开的时候便是如此，如今才短短 3 年，又怎么能奢望它马上好起来呢……

由于时间紧迫，董竹君并没有在上海久留，同家人吃过饭之后便乘了轮船去了四川重庆。临走时对双亲承诺以后一定接他们到四川一起生活。夏之时派了手下的一个勤务兵和两个丫鬟去接她，勤务兵叫卢炳章，两个小丫头分别叫梅香和麻子。

董竹君到达重庆后暂住在夏之时一个姓黄的老朋友家，后来因为小国琼生性顽皮，刚买的新鞋没几天就给踢破了，黄家人不太喜欢，董竹君又搬到夏之时的大哥夏冕昭一个姓覃的朋友家中。

因为董竹君生性见义勇为，再加上后天受到的教育，回国后对一些恃强凌弱的行为实在看不惯，在重庆期间没少为老百姓打抱不平。

有人私底下问她："那些人与你也没有什么关系，你为什么要替他们出头呢？"可见董竹君的行为在当时是不被理解的，如果当时董竹君没有嫁给夏之时，没有夏家的名气撑腰的话董竹君无疑会有生命危险。

一开始夏家的两个丫鬟都不太敢与董竹君讲话，听说是东洋留学回来，人又那么漂亮，害怕她是个不好惹的千金小姐。见到她敢在这人生地不熟的地方替穷人打抱不平才对她改变看法，与她讲起夏家的情况。

夏家原籍是湖北麻城，夏老爷子夏德富娶的大房是袁氏女子，生有夏冕昭与夏之时，夏之时是次子。后来袁老太太去世后，夏老爷子又娶了刘家女儿，生有夏畴五和夏西遝。

　　夏二老爷忠厚善良，娶了两个太太都没有儿子，二姨太（二太太）为人和蔼，很招人喜欢。俗话说，不孝有三，无后为大，夏老爷子同情二弟没了香火接后代，于是将夏之时过继给夏二老爷当长子。

　　夏冕昭共有两儿两女四个孩子。夏之时与前妻阎氏生（得肺病去世那位）的孩子叫夏述禹，如今12岁，将来董竹君也要抚养他。

　　据说，有一次夏冕昭的次子夏大勋被土匪绑架，夏冕昭因土匪出价太高犹豫不决，土匪得知后当场撕票，后来在阴沟洞里发现了尸体。

　　两个丫鬟还说道，家里的太太们都想好了怎么对付她，劝她不要回合江老家。还说夏之时前太太就是被她们气死的，她生前家里的太太就对她冷言冷语，故意说夏之时去了日本念书，看不上她这个乡下女人。阎氏死的时候双眼死活闭不上。

　　董竹君听完只觉得汗毛耸立，她虽出生在贫苦家庭，但父母恩爱，不像封建大家庭这般冷漠无情。

　　她心里开始慌了，开始怀疑丈夫的家乡是否真会成为自己心中那一片净土。她不知道等待她的将会是什么，内心深处缓缓地伸出一双手紧紧勒着她的心脏。

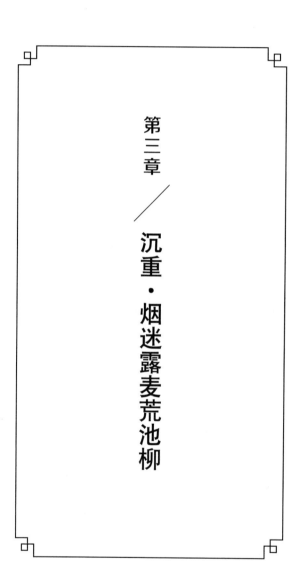

第三章

沉重·烟迷露麦荒池柳

是新娘还是货物

　　身穿花开富贵，福山寿海，这是多少民国女子的向往。那鲜红的嫁衣，穿上的是执子之手与子偕老的美丽誓言。可对董竹君而言，回到夏家穿上嫁衣的那一天，便是她梦碎的开始。

　　1918 年，董竹君收到夏之时的来信，催她回合江老家。董竹君意识到，将来的日子恐怕不好过，于是动身前她先到洋货店里买了满满两竹筐的小礼物。出发那天，天气灰暗暗的，还下起了牛毛细雨。

　　她坐在轿上，打开帘子往外看，轿夫们都汗流浃背地抬着轿子，卢炳章也只得用他两条腿一步一步在轿后跟着。每到一个站点，轿夫停下休息时，总有些衣衫褴褛、面黄肌瘦的乞丐上前讨钱，祖国这样的社会现象深深刺痛了董竹君，她再也无法安心地坐在轿中。

　　经历了 5 天的路程，董竹君终于到了合江老家。轿子停在一座旧式大平房门前，一时之间，屋子里纷纷出来了很多人围着董竹君母女。

　　在人群当中，董竹君没有看到夏之时，她只好随着下人进客厅先拜见了家里人。而后，董竹君细心观察了家里的装修，房间的家具都是上等的，院子中间有个天井，四面都是房屋，一看便是富贵人家。

过程中有人同她讲道，真正的老家其实不是这里，在乡下大头场观田。董竹君听后十分不解，说是回老家，如今回的却不是真正的老家？

在这些家人当中，董竹君最注意的便是丈夫的继母，自己的婆婆。她姓刘，肤色黝黑，身材矮小，一双封建社会标志的小脚，笑起来露出两颗龅牙，看人时经常眯着眼睛，看董竹君时的神情似笑非笑。大哥夏冕昭身材高大，衣冠端正，据说在这一带是个善人，董竹君与他打招呼时他也只是点点头，不说话。

小辈当中有一个年纪最大的侄女，叫国君，丫鬟大麻子告诉她，这国君人如其母，生性险恶，让她多当心些。其中有个丫鬟叫佩琼，是大哥大嫂的丫鬟，据说生性善良，多亏了佩琼，让董竹君在后来看清了夏冕昭的嘴脸。

那天，婆婆对董竹君始终是板着脸的，董竹君并未在意，回房后只是吩咐麻子把礼物都给所有亲戚分了去。晚上夏之时回家后，非常赞同她的做法。

两人夜间还畅谈了分别后的生活。夏之时回国后一直追随孙中山，1917年护法战争爆发时，夏之时被唐继尧委任为靖国招讨军总司令。1918年已经没有什么中央行政机构，拥兵者称霸一方，兵多、地多的则为实力最大。

军饷不是国家支付，而是向当地人民征税，筹款。从百姓那里征来的经费由夏之时个人任意开支使用，剩余的则为个人财产。董竹君听完后，只觉得丈夫此行违背了初衷，内心十分惶恐。

家里大部分人依靠夏之时做官得来的钱生活，还有一部分人是靠收田租。这大家庭里家规很严厉，对婆婆，所有人都不能和她平起平坐，就连说话都有讲究。这院子一向不把下人当人对待，不如意就要揪胳膊，用烟枪戳。心机颇深的女仆们经常到各房太太面前挑拨离间，搬弄是非，在外人看来和和气气，实则勾心斗角。家里的当家是夏冕昭，但夏冕昭解决不了的事情就得由夏之时出面调和。

无论走到哪里，董竹君青楼出身的事情总要被人拿出来说一遍。在夏家，她就曾听麻子说，老太太让夏之时休了她，另娶一女。夏之时不同意，老太太便毅然决然地说，反正不能做正房，她出身青楼，有伤门风，你就再娶一个回来做正房。夏之时至今没答应。

听到这个消息后，董竹君是气愤的，但庆幸的是，夏之时待她很好，为了丈夫，她愿意去容忍。

为了讨婆婆欢心，董竹君向下人学习家里的规矩，帮总管记账、烧菜、缝纫、绣花、照顾侄子侄女等，经常忙到深夜才得以休息，为的就是不落人口实，免得让丈夫为难。

但不久后，董竹君感觉到丈夫心理有了变化，他开始变得阴晴不定，时好时坏。

有一次夏之时生了骑马疮发了高烧，就在床上躺着，董竹君是衣不解带地照顾他。董竹君出房门，正巧一个士兵向她敬礼，询问夏之时病情，夏之时听到后大骂说自己还没死呢董竹君就开始勾三搭四。

莫名其妙的羞辱让董竹君感到很气愤。她想"回敬"他几句，她没想到，在日本时他如此蛮横无理，如今回国了，他还是这样，一点都没变！但念在他有病在身，董竹君还是忍住了。但值得庆幸的是，这期间，四弟要结婚，董竹君又帮忙主持婚礼，充分证明了自己的聪明贤惠。一家人对她也改变了些看法，开始在背后夸她知书达理了。

某一天晚上，夏之时异常兴奋地冲进房间，说大哥和婆婆喜欢她了，要重新拜堂成亲，婚礼由婆婆亲自主持。

董竹君听后，心里其实是不喜欢的，他们在上海已经拜过堂成了亲，自己的孩子国琼都这么大了，如今又说重新拜堂，这不是把婚姻当儿戏吗？若他们一直不喜欢她，那么她是不是就永远不能算夏家的儿媳？

董竹君问夏之时怎么想，夏之时只说，为了让老人家开心，他们再拜一次堂又如何，况且，这也是风俗习惯，祖祖辈辈都遵循的。

董竹君虽然不喜欢，但还是同意了。在与夏之时这段婚姻当中，董竹君一直都在不停地忍让，她是一个好妻子，只是不知道夏之时会不会是她的良人。

选好吉日后，夏家大院里里外外都开始忙活着婚礼的事情，张灯结彩，杀鸡宰羊，这种时候，宴席自然也少不了，请的人越多，夏家就觉得越有面子。家里每个有桌子的地方都摆上了糖果、糕点。

婚礼上，董竹君穿的是一件黑色的丝绒旗袍，梳了个辫子头，在头上插朵大红花，带着国琼重新拜了堂。夏之时的前妻双亲知道她待夏述禹很好，那天也来祝贺，承认董竹君是他们的女儿。这一天，董竹君其实并不快乐，一家人热热闹闹满脸笑容地说说笑笑与董竹君仿佛全然无关。可接下来的一件事情更是将董竹君本就不好的心情跌到了谷底。

拜完堂当晚，夏冕昭妻子，就是董竹君大嫂拿出一张1000块的收据给董竹君，说这是夏冕昭在上海为她赎身时付给巡捕房和堂子的一张收据，现在可以拿去毁掉了。董竹君竟一时气结，真想冲进去找夏冕昭说清楚，这笔钱明明是他被关在监狱里罚的1000块，她当初是自己从堂子逃出来的，没拿夏家一分钱赎身，如今这样的做法又是怎么回事？留着这收据打算把她当货物，不开心时随便抵了出去就行？想来实在是侮辱人！

而董竹君同丈夫说起此事时，夏之时也觉得哥哥在当时吃了苦，所以未敢吱声。在一起这么多年，他怎么误会她都可以理解为丈夫是害怕失去自己，可这次她当真感到失望至极。

虽然心里不悦，但日子还是要过下去的。那次拜堂之后，董竹君才算正式成为夏家一份子，又因为夏之时有钱有势，家里对她越来越信任，但凡解决不了的事情都会和她商量再做决定。

在当时，原配妻子的空房由再次正式结婚的妻子填补便为"填房"。按规定，阎家要特派大轿抬她去家里，大摆宴席。董竹君无奈之下又被抬到阎家，直至进入阎家正堂，她也只是一声不吭。阎家亲朋好友见到她就像见到了什么新鲜的物品一样，一直盯着她。

董竹君在阎家住了 3 天，她印象里，这 3 天过得还算愉快。阎家不似夏家这么压抑，董竹君与阎母也非常谈得来。

第二次办婚礼，董竹君只觉得封建思想对国人影响颇深，凡事都要按照"老祖宗"那一套来，大概是留学日本董竹君思想较为开明，总之这一切她都是非常不喜欢的。如今虽然已经改革开放，可也还有许多落后地方仍然保留着封建时期遗留下来的"习俗"，又或者说是恶俗，这都是被时代淘汰的产物，实在不应该保存下来。

婚姻本应代表着今后生活幸福美满的开始，可对于董竹君而言，这竟是幸福的终止线。

重担压碎了美梦

有人说过，婚姻是结束爱情的那一方土坟。极少有人能摆脱这个魔咒，可归根结底，无疑是上对花轿，嫁错郎罢了。人还是那个人，心却变了。

在这段爱情中，董竹君从来不占优势，丈夫的本质在婚后慢慢地暴露出来，事业的失败又给两人岌岌可危的婚姻火上浇了一把油。

1918 年秋末，局势大变，熊克武任命四川都督后，决心整改四川军队，夏之时预料到自己带领的军队会被收编。这时熊克武来电说夏之时是他兄长，他的军队他绝不收编。夏之时得到指示后带着一家小辈北上，10 天之后到达成都。

离开这个封建大家庭，董竹君是非常开心的。她想，如今摆脱了充满封建腐朽味的老家，便可以在这里实现当初与丈夫结婚时的美好愿望，可她内心深处又觉得，事情似乎太简单了，总有些不安。

到了成都后，夏之时的军队被熊克武缴械，夏之时被革去军职，改为西昌一代的县份的文职，夏之时认为文职无兵权，所以没有任职。

　　夏之时和董竹君乔装在平桥法国医院避难。其间夏之时终于和董竹君说起心中所想，他认为当初在重庆做副都督的时候纯粹为了革命，看到别人拿了公家的东西还异常气愤地叫他还回去，那时候没有趁机捞上一把，才导致现在没有经费运转，如今想来觉得大错特错。从日本回国才体会到无钱无权是多么无助，空有满腔热血，却什么也做不成。

　　董竹君听后，极力地反驳他，她认为，在重庆做都督的时候丈夫至少是个人民爱戴的清官，如果真的拿了老百姓的钱财，那便成了贪官，祸国殃民。

　　如今国家虽然还处于动乱时期，但与以前相比，国人终归来说还是觉醒了大部分，她认为夏之时不应该这么悲观气馁，应该重拾信心，像以前那样。无奈夏之时根本听不进劝告，还说董竹君目光短浅，不知变通。董竹君能感受到，丈夫的思想在不停地往下坡走，可她除了继续鼓励他以外，没有任何办法。

　　1919 年，夏之时正式解除军职后便决心由合江迁居成都，出资 1 万元，买下东胜街一家大院，将原来租赁的猫猫巷改为菜园，以备养牲畜。东胜街的大院夏之时打算重新部署，买进的家具都是高级的材料制成。院内有水池，池上有六角亭，四周还种满花草。这院子实在雅致极了，董竹君也非常称心。

　　她想着，今后在这院子里终于没了合江老家的封建气氛，她可以在这样的环境下相夫教子，等到老了便安享天年。院里的梅花，像一朵朵洁白的雪花，开在董竹君的心里。

　　搬到东胜街后，董竹君在四川成都平安桥法国修道院补习法语。"一战"后，欧洲各国蓬勃发展，政治、经济、文化都可谓是进步神速。即使经历了这么多事情，董竹君对法国的热爱丝毫未减，她喜欢法国的自由平等，喜欢法国女人的热情开朗。

可当董竹君与夏之时说起这想法时，夏之时无疑给她泼了一盆凉水。夏之时以法国人太自由为借口，拒绝了董竹君的出国要求。这时候，董竹君又怀孕了，所以一直没去成，不能去法国留学一直是她的遗憾。

夏之时被废除军职之后，正事不做，也不管理家事。好在董竹君在日本学习时学过家政，家事处理起来也得心应手。不久后，夏之时在四川成都包家巷创办学校，叫锦江公学，是一所旧式中学。董竹君为此很开心，可没过多久，学校又停办了。

夏之时开始喜欢上赌钱，经常满满的钱袋子出去，两手空空地回来。夏之时输了钱脾气就越来越坏，董竹君为了转移他的注意力，特地收拾出一间书房，劝他买些书看看，修养身心。谁知，他竟买了古董书画装满整个书房，脾气不见变好，反而更暴躁了。

董竹君帮他洗衣服，有一丝不干净的，看见就骂，衣服有一丝褶皱骂，饭菜不合胃口也骂。1920年底董竹君快临产了，夏之时仍不见对她有一丝的体贴。

一次家里来了客人与夏之时一同打牌，董竹君和丫鬟在收拾衣服，卢炳章突然跑了过来，说夏之时叫董竹君过去打牌。董竹君挺着肚子帮他成天忙这忙那的已经很劳累，于是拒绝了他。卢炳章回去后又反复地过来叫她，董竹君以为出了什么事这么着急，便去了。夏之时见到她时只瞪了一眼，又不理睬。董竹君开口问他有什么事？夏之时没好气地回答她："叫你打牌干嘛不下来？真是不识抬举！"

于是，一场争吵开始了。

董竹君听到这话立刻火冒三丈，反驳道："我不识抬举？你打牌是什么正经事情吗？"

夏之时也火了，大声嚷嚷着："丈夫叫你做什么你就得做什么！"

董竹君保持风度继续回答他："是应该听从，但不包括赌钱。"

夏之时听了，怒气冲天，从身边随便捞起东西就向董竹君砸去，董竹君侧身躲过了，夏之时不解气，又抄起东西准备摔过去，来的客人及时拉住了他，旁人也让董竹君赶紧离开这里。夏之时大声地冲她喊叫，她一个转身就往外跑。

一片朦胧的雨雾中，董竹君一滴眼泪没流，板起脸气愤地跑到街上。家里的老佣人黎大娘追了出来，担心地叫她慢点走，看在肚子里孩子的分上赶紧回去吧。

董竹君听不进任何劝告往前奔，也不看着路。就在这时，董竹君感觉脚底一滑，身体失去了重力，那一刻，她害怕了，她不是怕自己疼，而是肚子里的孩子！最终，董竹君毫无悬念地摔倒了，庆幸的是，她摔的时候是朝左边横跌着下去的。

黎大娘赶紧上前扶起她，更是觉得心惊胆战。这是夫妇俩第一次大吵，她一个快分娩的女人为了她的家庭从早忙到晚，他无所事事就算了，如今还这般无理取闹，一点大男人风范都没有！她不敢想象，如果当年夏之时真的拿了钱赎她，如今她的命运会如何？

董竹君跑到了平安堂教她法语的老师那里，黎大娘苦心劝说，让她多为孩子着想，又说其实夏之时在外经常夸她。她这才慢慢地消了气回到家里。

1921 年，孩子出生不久后，一位法国医生到家里给家人检查身体，这位法国医生说她得了肺病，是初期，董竹君听后心里十分绝望。当时的医疗条件落后，肺病如同癌症很难治好了。

董竹君不想让女儿们看着她们的母亲痛苦地死在疾病的折磨下，于是不顾夏之时是否允许便把家务孩子全部搁置在一旁，自己收拾了东西搬到花园亭子里。3 个月后，董竹君的病痊愈了，生病期间，夏之时从不曾看望她一眼，她想起了阎氏，对阎氏越发同情起来。

夏之时的生日也是家中的一件大事，每年生日他都要请客喝酒、看戏，每次生日都要持续几天。里里外外都交给董竹君忙活，他只负责与客人吃喝即可。夏之时爱面子，要是客人来得少了，他便将责任推卸给董竹君，说是因为董竹君招待不周才如此。

也许是出生在封建大家庭里，夏之时竟也是一个重男轻女的男人。到达成都的第二年，小国琼出麻疹，病情很严重，董竹君为此腾出一间屋子专门照顾女儿，整整 40 天无暇去理家事。这件事上他们又有了分歧，夏之时责怪她不应为这件事情对其他事都不加过问。

董竹君同麻子讲起这件事情，麻子又告诉董竹君一些家史。婆婆喜欢男孩，生的第一个孩子是男孩便留了下来悉心照顾，生第二个的时候发现是女孩，竟把她淹死。她一直坚信后来自己连生两个男孩都是因为自己把女儿淹死的功劳。后来三房、四房的媳妇连生两个女孩，她就命令媳妇把孩子冻死，否则永远生不了男孩。

还有便是办丧事也给董竹君留下非常深刻的印象。家里要请和尚超度，为了给死者"赎罪超生"需要做七七四十九天的功德，还要摆几十桌酒席招待前来吊孝的亲友。董竹君觉得这丧事摆这么大排场，最后累的是人，只是劳人伤财罢了。夏之时听后骂她孤陋寡闻，没见过富贵人家出丧排场，说她大惊小怪。

董竹君听后不禁心里苦笑，丧事原来也只是"富贵人家"趁机炫耀家财的手段啊，想他们穷苦人家，一日三餐连饭都吃不起，为了生活日夜奔波，可这些人竟过得这般舒服。这样的社会分化让董竹君由衷地厌恶这满院子封建气息的家庭。

回想初遇夏之时时，她着实是被他满腔的爱国热情感动，那时候的他全心全意为老百姓着想，如今的他却是压迫在老百姓头上的一座大山——封建主义！

在"运动"中出现的裂痕

无数经历过爱情的人都说，相恋不如初见。若是每一段爱情都保留着初次见面时的那份悸动，那份纯真，那该多好？

1919 年，五四爱国运动爆发，运动的新思潮涌入了四川。董竹君为此非常开心，给孩子们的穿着打扮也开始改为西式。董竹君提起让孩子们到洋学堂上学，夏之时却坚决反对，认为女孩子读书无用，十七八岁的时候找个好人家嫁了就行了。董竹君不放弃，独自在家里办了一个读书屋，培养孩子们对读书的热爱。

文化思潮越来越进步，夏之时却越来越消沉。他开始信佛，开始抽大麻，董竹君劝他时他竟朝董竹君喊道："又不是花你娘家的钱。"

董竹君倒不生气，只是无奈地叹了一口长长的气，她这是替夏之时担心。

可夏之时只是越来越过分，他让董竹君帮他剪脚趾甲，董竹君不小心剪破了皮，出了血，夏之时便把她一脚蹬到地上。

他抽烟时总让董竹君陪着，董竹君无聊便在一旁翻看新书，夏之时说女人就该把家务事管好就行，外面的事情无须管。董竹君学七弦琴《平沙落雁》，他也讽刺道，弹好了又能如何？

有时候董竹君白天太过劳累，晚上还要陪着他熬夜，第二天早上起得迟了一些，夏之时就要指着鼻子骂她懒。有时候他睡到中午十一二点起来不见人，也要大骂人都死哪里去了。

董竹君越发觉得委屈，她扪心自问，自从自己进了夏家大门，她一直无微不至，勤勤恳恳。可夏之时就像变了个人，对她不闻不问也就算了，不顺心时就要拿她出气。

1922年，夏之时要调整家庭经济收入，于是把原本已经装修完毕的东胜大院出售给杨森部下师长白道成，价值2万8千元。将卖出的钱用来建一百多间店铺，出租给当地商人，家里的经济来源大都靠租金，还有夏之时在合江老家搜刮老百姓得来的钱财。

1922年春末夏初，董竹君突然没了月事，还常卧床不起，医生治疗了7个月，仍不起效，一家人都认为这是干血痨。消息很快便传开了，外头人都说："夏家太太得了干血痨，怕是命不久矣。"

在当时，辛亥革命时被袁世凯关押5年的成都都督尹昌衡的母亲尹老太太特别喜欢董竹君，待她如亲生女儿般。听闻董竹君得了治不好的病，赶紧过来看看。谁知尹太太坐在床头帮她诊完脉之后笑呵呵地同她说：根本不是干血痨，是怀孕了，操劳过度才如此。按她的方子连服两个多月才渐渐地有了怀孕的迹象，后来孩子出生了，董竹君才得救，可这期间夏之时一句安慰的话都没有。

孩子取名国璋，大约 3 到 4 岁的时候右腿起了脓包。董竹君带着孩子去医院检查才得知，这病的病根在腰椎部。医生只给小国璋放了脓水，打了点滴，可孩子日渐消瘦。董竹君赶紧把孩子抱回家，登报聘请能治此病的中医。治疗当中小国璋非常懂事，丫头要是忘了喂药她便叫道："快拿药给我吃嘛。"

为了不成跛子，董竹君还请了一位专治跌打损伤的中医，治疗过程非常痛苦，小国璋也忍着不告诉母亲。董竹君独自照顾她时，她总是心疼地看着母亲的脸说道："妈妈，你白天照顾家里这么累，晚上还要为我操心。"这时候，董竹君仿佛看到了儿时的自己，她忍不住湿了双眼。

这时候，家里地铺正在装修，板子只是摆在那里，没有上钉。二女儿国瑛上楼玩耍，踩到没装好的地铺，从二楼掉下来，滚到门口台阶上，一直昏迷不醒。董竹君抛开一切只管全心全意地照顾两个生病的孩子，这时候夏之时对孩子的病情没有任何关心之意，仿佛孩子与他无关一般。不仅如此，夏之时还常为这事责怪她不务实事。

1925 年，董竹君去一家法国私人诊所刮沙眼，医生问她要不要打麻药？她想着不能让外国人看不起中国人，不能让他们觉得中国人都是懦弱无能之辈，于是摇摇头，拒绝使用麻药。刮完之后着实疼得厉害，董竹君只好忍痛回到家。夏之时看到了，问道，怎么回事，董竹君便告诉了他，夏之时听后，把董竹君一顿臭骂，说女人争这一口气做什么？

封建思想对夏之时的荼毒其实深入骨髓，女子不如男这个思想观念一直在他的脑海里挥之不去，他逐渐成了被时代抛弃的落后者。

董竹君答应过双亲会将他们接来四川一起生活，一天晚上，夏之时买了一张上好的德国铜床，董竹君不禁感叹，自己睡这么好的床，而上海的父母亲此时还不知道在哪里受苦呢。没想到，夏之时冷冷地说床又不是你父母亲买的！这一刻董竹君才明白，原来夏之时从未把她父母当家人。

几经波折后，董竹君双亲还是被接到成都，董竹君见到双亲时，他们还是当年那副面黄肌瘦的样子，脸上的皱纹更多了，头上的白发也更多了。

在夏之时做的众多混账事情中，董竹君最不能忍受的便是双亲被虐待。

一天，董竹君从外面应酬回来，看见家里来了客人，正在客厅里打牌，抽大烟，奇怪的是丈夫却不在其中。董竹君扫了一圈才发现丈夫和父亲都在树下，董竹君靠近了才知道，丈夫诬赖她父亲偷了他的烟土，董竹君觉得夏之时说话时表情狰狞极了，而老实的父亲一脸着急地否认。董竹君讲和，夏之时便说他们父女联合整他。

更令董竹君气愤的是董母在楼上遗失了一支她省吃俭用买下来的金簪子，当时她便哭哭啼啼的，夏之时听了，只说让下人把董母绑起来，这样哭心烦死了。董竹君听后是又气又心疼，心疼母亲都一把年纪了还要受这样的委屈。

董竹君在回忆录里说起父母亲时讲道："双亲在夏家的几年里，勤劳、挨骂、受辱，所得到的就是各有一套寿衣而已！"

1926年正月初五前晚，家里来了客人喝酒打牌，次日中午打算去餐厅为她庆生。那时候董竹君又怀了孩子，全身浮肿，身体也觉得格外疲惫，于是推脱不去，家里人都不高兴，她又只好跟了去，然后趁他们玩得热闹的时候悄悄地走开。凌晨 2 点时，她躲进了一家私人医院，早上 8 点时，夏大明出生了。醒来后她才知道，自己怀的其实是龙凤胎，但因为营养不足，另一个胎儿还没有成形，于是打了麻醉给她做手术取了出来。

梅香丫鬟回家给夏之时报喜，夏之时听后非常开心，但就是从不来探望董竹君。原因是董竹君前几胎夏之时都以为是男孩，所以摆了酒席庆祝，但每次都让他失望，这次索性不办了，董竹君却生了个男孩。夏之时在意的是孩子，从不关心董竹君生这个孩子的时候的危险。

董竹君只觉得没来由地心寒，不禁回想，十几年一场的夫妻情分最终还是要输给时光了吗？当年自己提出的 3 个要求他的确做到了，她还有什么理由去责怪夏之时呢？她开始不禁迷茫，今后的日子该怎么办？她不愿想下去，也不敢再想下去。

接下来发生的一件事情让董竹君彻底看清了大哥夏冕昭的嘴脸。说的是夏冕昭想讨姨太太，但大太太不同意，夏冕昭便趁夜深人静时爬窗进入丫鬟佩琼的房间，令佩琼怀了孕。现在大太太只管骂佩琼不要脸，勾引大老爷。大老爷就是不讲话，一副事不关己的样子。

董竹君听后只觉得不公平，这是夏冕昭毁了人家女孩子清白在先，如今事情闹大了又不搭不理地丢给女人帮他解决，平时见他又是烧香拜佛，又是周济百姓的，还以为他是君子，没想到是个伪君子！

而夏之时和董竹君，就算抛开以前的所有不快，单凭拿着手枪对着她的脑门这件事情就足以让董竹君对彼此已经破裂的感情走向绝望。

夏之时非常喜欢丫鬟梅香，后来梅香要和一位煤炭商人结婚。董竹君已经给梅香准备了丰厚的嫁妆，没想到梅香上轿时夏之时要认她做义女，非要让轿子从大门出。董竹君对他说不须如此，只要今后他们夫妻在一些事情上能帮助到她就好了，表面上做得太多反而让梅香落人话柄啊。没想到夏之时非但不听，还掏出手枪指着董竹君的脑袋喊出一句："你不听话老子一枪崩了你！"随后就是一句接一句的脏话。

董竹君并不畏惧他的枪，立即回嘴道："哪个丫鬟出嫁有这样大的排场？你这样做是害了她，不是帮她！不理解我就算了，还冤枉我，尽做些假仁假义的事情。"

董竹君之所以能委曲求全容忍夏之时那么久其实是有原因的。哪个大户人家不是三妻四妾，而夏之时却始终没有如此，在这一点上，董竹君便愿意去忍耐，感化他。加上他以前的政党朋友对她也很尊敬，即使夏之时再混蛋，董竹君都不放弃对他的救赎。

就这一点看来，董竹君的大度绝对是毋庸置疑的。只可惜感情就像一颗石头，一旦石头上出现了一条裂痕，日积月累，石头无疑是会裂开的。

齐家立业的女子

五四时期，即使经历了新文化运动的新思潮，但仍然改变不了夏之时身上的戾气，董竹君知道，不能再这样下去了。

董竹君开始深刻地去思考女权问题，女权其实是与丈夫出去应酬时听各位官太太们聊天的内容受到的启发。

夏之时的朋友招待客人的方式无疑就是打牌、喝酒、抽大烟。董竹君打心里是不喜欢这些活动的，所以每次都是挑准了时间才过去。而太太们聚在一起无非就是聊穿衣，聊闲事，炫耀自己家老爷又给自己买了多大的钻戒，聊穷人怎样被欺负，等等。

董竹君印象最深的是听太太们聊起一位杨军长，说是那位杨军长看上一个姓桂的丫头，托人说媒，给自己做了姨太太。后来军长觉得这个姓桂的丫头实在土气，于是便借故把她送到上海读书，实际上是去学时髦。结果这个丫头和一位当地的青年学生好上了，军长知道之后大发雷霆，设计把这个学生乱枪打死了。姓桂的丫头怀疑此事是军长所为，终日闷闷不乐。杨军长看着生气，索性一不做，二不休，把姓桂的丫头捆起来丢到河里活生生淹死了。

后来这位杨军长上门拜访夏之时，董竹君问起是不是又娶了姨太太时，他竟出口侮辱女性，将其形容为破铜烂铁。

还有一个旅长看上了某所学校的校花，便私自抬了礼物去家里自称女婿，逼女孩子嫁给他做姨太太。这女娃娃的父亲不敢拒绝，也没有答应，等旅长走后立刻托人做了媒，将女儿嫁给了一位师长的弟弟，虽说没有感情，但至少嫁过去还是个大太太。

董竹君听后只由衷地感慨，当今社会都是以男子为中心，女子就要受这般委屈。不止如此，这社会也总是恶霸当道，有才华的人过着猪狗不如的生活。

夏之时有一位朋友是美国哈佛大学毕业的经济学博士，叫杨吉甫。他绝对是一个进步人士，但是回到四川居然找不到工作。无奈之下，他只好到电影院里担任幕前翻译。一次，一位师长在电影院看电影时不遵守秩序，杨吉甫上前提醒，被这位师长摁住赏了几个耳光，最后还要强压着他赔不是才肯罢休。

董竹君每天看到的都是乌烟瘴气的景象。她意识到，家里不能再这样下去了，夏家上下总共六房人，大家都不务正业，只靠着丈夫那点小钱过日子，这样下去早晚坐吃山空。而且她想要改变这样的现状必须先从自己做起。

董竹君从小便生活在贫苦家庭里，她深知底层的劳动人民生活如何艰苦。父亲以前拉黄包车，车是从黄包车公司那里租来的，租费非常高。父亲经常辛苦一整天也不得几个铜板的原因无疑就是交租费去了。董竹君开始盘算着，如果自己也开一家黄包车公司，把租费降低一点，这样便能给那些最底层的劳动人民降低一些负担。

另外，她还打算开一个丝袜厂统招女工，给女性提供经济来源，她认为，如果女性要想真正地独立起来，必须先从经济入手。若经济不独立，如何谈女权？

可是这些，要怎么和夏之时说呢？夏之时一向不喜欢她心系社会，直接把意图告诉他肯定不行。她再三思考，决定将办厂的理由向夏之时解释成为增加家庭收入。夏之时闻此，竟一口答应了她。

1923 年至 1924 年，董竹君开始谢绝夏之时的所有应酬，全心全意地投入实业办厂中去。她在院子后面开办了丝袜厂，在东胜街的一家店铺开设店面。前院是子女们的书房，后院是她的丝袜厂，工人们大多是女工，大家都非常努力，董竹君也经常亲临指导，从不和工人们摆出厂长的架子。路人经过夏家大院时总忍不住夸赞夏家朝气蓬勃，是文明家庭的典范。

1926 年，董竹君开始在少成桂花巷租了间房子，创办了飞鹰黄包车公司，董竹君想着，父亲老本行就是拉黄包车为生，让父母协助经营倒是一个不错的想法。董竹君一方面是不想让他们在夏家受尽屈辱，而另一方面她又深知父母都是老实勤劳的老百姓，让他们静静地坐着不干活他们一定坐不住，让他们帮忙最合适不过了。

夏家仆人也任由董竹君随意支配，即便如此，很多事情她仍然亲力亲为。早晨晨雾还未散开时，她便到了公司，拿出凳子在门口摆着，给那些劳作回来的车夫们提供休息的场地，与黄包车夫们聊天，听取意见，有时候还教他们如何在出汗后保护身体，避免生病，告诉他们怎么对车身进行保养。如果哪一家有难处，租费可以延后给，或分期付款。

即使工作再忙，董竹君也把家里管理得井井有条。睡前把衣服上的灰尘都拍干净，孩子们的卫生起居她也亲自照顾，从不怠慢，她时常与管家交涉，让管家将家中财务支出，每日客人登门拜访都记录得清清楚楚。

她还极其重视子女的新式教育，董竹君深知父母是孩子的启蒙导师，所以对自己的言行举止颇为注意，从不让孩子们碰丈夫的烟盘、扑克牌、麻将桌。

日子虽然繁忙，但也是过得津津有味，乐在其中。一次春节的耍龙灯中，又让董竹君本来开心的心情消失得无影无踪。

那也是董竹君最忙的时候，春节时，家家户户都要做新衣裳，但因为布料不够，导致大女儿国琼那一年没有穿上新衣服。小家伙那天居然双手叉腰，噘着嘴，头一扭，问董竹君她是不是亲生的。董竹君着实被她的模样逗笑了，她坐到凳子上，与她同高。这一刻，董竹君才意识到，当年那个需要蹲下才一样高的孩子现在已经长高了些，不久的将来，她再也不需要蹲下或坐着平视女儿的眼睛了。

她双手放在国琼的脸上，温柔地解释，并承诺明年一定能穿上新衣服。国琼脸上这才重新绽放出天真的笑容，嘴里说着："妈妈，我逗你玩呢，你永远是最优秀的母亲。"董竹君嘴角向上扬起一个好看的弧度。这是董竹君这个糟糕春节里唯一值得怀念的事情。

那天，初一早晨先是举办了拜年礼，后就是大户人家为了面子向路边的乞丐、无业游民进行施舍请客，还有一个原因便是要求行善积德。接下来就是董竹君最不能忍受的环节了。按规矩，亲友吃饭喝酒过后，仆人们便成群结队地进院子里来，身上只围一块旧布，有的还光着膀子，提着龙灯一边抖一边跳，让主人用花筒往自己身上丢。

第一次见到时，董竹君都看呆了，不明所以，后来家里人解释道，这是习俗，下人们越经得起火花，得到的赏钱就越多。

董竹君看向人群，有些人的皮肤都被烫伤了好几块，为了那几个铜钱仍然挂着僵硬的笑脸站在那里拼命忍着。董竹君看着这些笑得双眼通红的人们心里不住想，她这些年来致力于实业为的就是让人们摆脱贫穷，如今看来，她做得根本就微不足道，国家复兴单靠她一个人是远远不够的。老百姓们什么时候才能熬出头呢？董竹君借故不舒服离开了这样的场合，待得越久心里越难受。

这些年来，夏之时仍然在进行政治活动，不是当年在上海初遇时那样的政治活动，而是日本留学回来后打压老百姓争权夺利的军阀活动。

夏之时身在局中看得不清楚，不知道他的那些政客大多都是利用他谋求自己的出路。以丈夫的本事，要做一番大事业是完全可以的，像之前创办学堂，这绝对是有利于民的实业，比他那些什么政治理想好太多了，董竹君不能就这样看着他一步一步错下去。

她劝夏之时，想想当年做副都督的智慧，想想那时候的初衷，如今时代已经和以前不一样了，若他再这样执迷不悟下去，迟早是要出事的。夏之时非但不听，还笑她目光短浅。

与他谈起子女教育问题，夏之时摆出一副铁定不让4个女儿上大学的观点，但是儿子要什么都可以满足。让他放下司令都督的架子，铲除封建恶习，改了颓废的现象，不要满足于现状，要居安思危。他斜视着董竹君质问她到底什么想法。看架势，董竹君已经知道自己这一番劝说又将以失败告终。每当外人夸赞夏家院前书声琅琅，院后一片织机声，真是最有朝气的模范人家时，董竹君总不住地想到：是啊，其他都挺好，就是大厅打牌传来那一阵阵雀牌声和抽大烟时散发出的浓烟有些不和谐罢了。

她开始觉得，夏家其实就是整个民国社会的缩影，前院后院做得再好，最后还是被大堂毁了。

就像树桩上的白蚁，外表看起来好好的，可内心早已被蛀空。在四川这个腐败的环境里夏家充其量也只是矮子当中称好汉罢了。

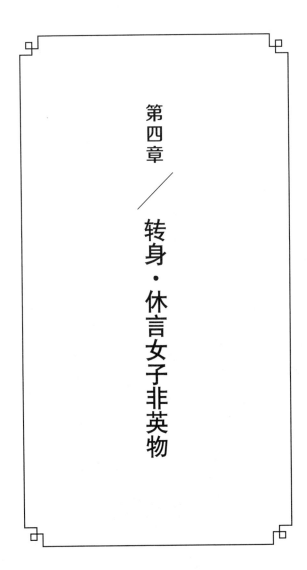

第四章

转身·休言女子非英物

最文弱的侠女

民国的街道上，仿佛到处弥漫着雾霾，站在马路中间，看到的全都是一片白茫茫。人们在路上摸索着前进，有些人第一脚跌下了深渊，有些人与同样看不清路的汽车狭路相逢，有些人撞了墙还不明所以。恐慌与迷茫充斥着整个城市乃至整个中国。

那段时间，董竹君终日在迷茫中度过。自从 1925 年孙中山逝世后，以蒋介石为首的右派国民党开始勾结英美帝国主义。1926 年段祺瑞大肆屠杀北京反帝集会的爱国学生，造成历史上有名的"三·一八"惨案。蒋介石经过长期准备在 1927 年成功取得帝国主义、国内资本家的支持，发动反革命政变，在上海大肆逮捕屠杀所有共产党、进步人士，造成举国上下悲愤的"四·一二"反革命政变。

除此之外，帝国主义还对中国人民在北伐战争中的胜利耿耿于怀，后找各种借口炮轰南京居民，导致 2000 多人伤亡，房屋均遭到破坏，一时间南京的难民游荡在中国的每一个角落。在这样的环境下生存，董竹君忧心忡忡，想起子女的未来，眉头紧锁，眼睛里像蒙上一层雾，没有任何焦距，好几次都是怀里儿子把她叫清醒的。

1927 年，大革命彻底失败后中国的局势起了根本性的变化，这些变化是不利于国家、不利于人民的。无奈，夏之时竟然认为蒋介石已打败袁世凯，政权得以巩固，自己东山再起的时机到了，三民主义不久便能实现。

夏之时提出到江南一代了解蒋介石和其他政军的情况，董竹君当时是同意的。她认为，四川是个闭塞的地区，思想文化都比较落后，这个时候让丈夫去江南或许可以趁机让他见识见识那一代的新思潮，能洗去他身上一半的腐败成分也不失为一件好事。董竹君思考问题非常全面，除了对夏之时有利的这一方面，董竹君还考虑到不利的方面。

这不利之处，董竹君是担心夏之时还继续与他那些厮混的朋友来往。夏之时是局中人没发现端倪，但董竹君看得清清楚楚。二次革命后，这些与夏之时往来的朋友大多都改变了性质，革命目的不再是为了人民，是为了一己私利。董竹君既然希望丈夫此行能够改邪归正，重拾初衷，内心深处就不希望他们继续来往，所谓近朱者赤，近墨者黑。

1928 年，便是民国十七年秋季，一位故友的女儿带了一位姓文的老太太来见她。进门便说："文老太太说伯母是个喜欢打抱不平的好人，这次是来找您主持公道的"。

听文太太描述后董竹君才知道，原来这文太太守寡多年，只有一个 18 岁的遗腹子，叫文兴哲。好不容易把他拉扯大，又送到师范大学念书。学校聘用一位姓杨的反共分子当校长，学生不服，集体出来反对，最后把姓杨的殴毙。那天各军军长、副军长、处长联合起来共抓了学生 50 人，枪毙 20 人。

文兴哲被算在枪毙名单里，执刑时 20 人站成一排，挨个挨了枪子，轮到文兴哲的时候他大声叫喊："妈妈呀，别了"！城防司令闻声望去，见他年纪最小，能好好利用多招供一些同伙，于是免了死刑将他监禁起来审问。到如今已经 6 个月，无所收获，可保释。可没有人敢去保他，今天来这里就是求她去保释文兴哲。

文太太说完之后赶紧含着泪向董竹君鞠躬，生怕她不答应。董竹君赶紧扶起文太太，说："你这事我帮定了"！文太太听后又想向董竹君再鞠一躬，以表感激，被董竹君慌忙拦下了。

这件事情其实董竹君早有耳闻，被捕杀的都是学校的老师和学生，他们年纪轻轻便懂得为国效力，将生死置之事外是可歌可泣的，不应该是这般下场啊！这起惨案的罪魁祸首是向育仁、蓝静之等人。二人经常到夏家拜访，见识到董竹君齐家立业的本领，对她很是敬佩，见面时也以大嫂称呼。正好夏之时已经南下，这件事对董竹君来说是非常方便了。

但是她总不禁想到，向育仁、蓝静之来家里与丈夫谈话时大多内容是说共产党的不是，说共产党危害社会。可据董竹君所知，共产党与社会上广大贫苦的人民群众站在一起收走洋人抢走的租地，鼓舞广大人民群众敢于站起来反对压迫，这才真真切切是爱国运动。

反过来看国民党人，腐败堕落，勾心斗角，争权夺利，为达目的不择手段，在国民党的领导下，中国的土地一块块在国人的手里丢失。难道这就是为人民好吗？共产党的出现无疑是威胁了国民党，使他们的军阀恶势力被削弱，他们感受到了危机，所以才这般慌张地要除掉所有共产党人。

董竹君请了向育仁、蓝静之到家里做客，二人如约赶了过来。长方形的会客桌上，董竹君开门见山地讲明了用意，神情严肃，而又不失温婉。两人听后，立即答应了，董竹君回忆录里两人是这样说的："大嫂担保没话说。"可见二人对董竹君不是表面上的尊敬，是发自内心地敬佩啊！

按理说，文兴哲被保释出来后，董竹君就已经兑现了承诺，不必再蹚这趟浑水了。可她怕小孩子在外面不安全，还请文兴哲住在夏家。

文兴哲对她非常尊敬，并且非常信任她，常与她谈起共产主义，讲共产党事迹。因为文兴哲，董竹君对共产党有了新的认识。除了满腹爱国之心外，文兴哲还是个满腹才华的人，他精通三国语言。聪明好学，非常上进，董竹君因为惜才而非常爱护他。一年之后，董竹君觉得他安全了，才让他搬出夏家。

1929年春季，是四川时局最混乱的时候，各路军阀欺压人民，又在当地招兵买马，扩充实力，全程逮捕进步人士。

董竹君意识到，黄包车公司和丝袜厂都有倒闭的危险，但贸然同丈夫说，丈夫一定会生气。与此同时，董竹君认为家里必须要进行改革！可是转念又想到，丈夫向来是个守旧的人，怎么可能答应改革呢。董竹君决定暂时离开四川，到上海避难。时机成熟了便让女儿在上海念书，若夏之时说她被新思潮冲昏头脑，极力反对自己的计划那么她只好和他分开！

董竹君这次是带着决心去的，可她能感觉到内心深处一直有另外一个声音在不停地祈祷夏之时同意，毕竟这么多年的夫妻情分，她不希望孩子们在没有父亲的陪伴下度过童年，说到底，她还是爱夏之时的。

第二天，董竹君便把黄包车公司、丝袜厂都关了，用攒下来的钱买了田地，以防后患，把所有流动财产、地契全部交给夏有文（六弟）保管。只拿走了现金100元和300元的支票。

董父董母因为两个工厂都关了，在四川闲来无事，趁这个机会回上海探望亲戚。大儿子述禹和未婚妻等都要去考大学，大女儿国琼也因为要考音乐学校所以跟去。国瑛、国琇从出生就一直在四川住着，从未见识过祖国山河，她趁这个时机带上她俩沿途欣赏风景，培养对大自然的热爱。

国璋生了病，不停地咳嗽，医生嘱咐吹了海风就会好，另外，她还协助文兴哲出国留学，所以一起前行。后来在上海分手后，文兴哲在国外学业有成，还娶了一位德国太太，婚后才回国。

这次回上海，董竹君唯一的遗憾便是没有带上小儿子夏大明。董竹君当时想着，如果要离婚也要回四川办理手续，因此暂时放弃小儿子。

董竹君离开的时候，人们议论纷纷。只有董竹君明白，这不过是一场自我救赎的旅程罢了，她要做的，便是走出让她迷茫的雾！

终结不幸的婚姻

愿得一人心，白首不相离。曾经美好的誓言，如今想来不过是痴人说梦，一个可笑的幻想罢了。君若不是我良人，我定当转身不回首！董竹君的这段婚姻，注定以悲剧收场。

1929 年，董竹君带着家人抵达上海，在信件中知道夏之时住在法租界西门路，于是先赶到丈夫住所与他会合。见面时，两人并不愉快。夏之时一回家就给她摆脸色，董竹君问他怎么回事，他反过来问董竹君怎么回事，意思是她带着一大帮人到上海做什么？董竹君知道夏之时觉得这会成为他的累赘，她想同他解释，没想到夏之时非但不听，还一直发脾气不理她。

董竹君注意到，丈夫不和她说话，但是和大侄女倒是无话不谈。大侄女也是个狠角色，挑拨离间的本事简直比拿筷子还熟练。从旁人口中董竹君知道她没少遭到这侄女的口舌。夏之时本就不满董竹君不经他同意便到上海，如今听大侄女随便唠叨两句，不管是非，全部听了进去。

有夏之时这个二叔撑腰，小姑娘越发厉害了，有一天从房间里拿出 30 元站在董竹君面前丢在桌子上说：她和二伯要去杭州办事，这30元就是一家人的伙食！那样子，仿佛给路边的乞丐施舍铜钱一般。董竹君惊讶极了，不知道这侄女与长辈说话竟这般口气。

夏之时与大侄女离开的这几天日子是最太平的了，回来后他们便开始因为各种事情争执。先是四川的黄包车公司、丝袜厂，便让夏之时无尽地数落。夏之时认定这两个都是可以赚钱的，如今董竹君把它们都关了简直愚蠢至极，更不应该把钱送给老六夏有文，他们已经分家，没有必要用他的钱假慈悲。

董竹君着实不服气，这两个公司虽然是用他的钱置办起来的，但后期的管理、经营都是她全权负责，夏之时只管忙着抽大烟、打雀牌，哪里管过事业？就算是还他借的钱也早早就还完了！

后因为被袁世凯害死的重庆都督张培爵的子女问题夏之时也与她争吵。张培爵死前将子女托付给夏之时照顾，后来他的三女儿张映书与夏之时的长子夏述禹订了婚，二女儿张钟惠与刘光美结识，刘光美要求张钟惠去上海念书才答应订婚。

可是张钟惠的学费、生活费加起来才有300元，不能满足男方的要求，又是真心想和刘光美好。向董竹君求助，董竹君因为要离开四川，没有那么多现金，于是便找夏述禹未婚妻商量先把嫁妆费1000元借给她，日后偿还。夏之时知道后骂她多管闲事，胡乱花钱。而董竹君认为，张培爵既然把子女托付他们照顾，那么他们就应该尽到责任，而不是空口答应。再说，夏家也不是缺钱，能帮自然就帮了。

　　帮助文兴哲上学的事情他也反对，认为文兴哲与他们无缘无故，为什么花金钱帮他？还指责她一开始就不该救他，还让国琼与他结婚，他坚决不同意！董竹君向他解释订婚这事纯粹是玩笑，他仍大怒，原因是与文兴哲有瓜葛的是共产党，又没有钱。大女儿国琼、侄子、大媳妇要读大学，他统统不同意，还自大地同董竹君说，读这么多书都是浪费钱，本领只要跟着他就能学到。董竹君耐心地向他解释，他摆摆手，称心意已决。

　　董竹君知道，夏之时根本只是心疼钱，这次交谈透露出他故步自封的本质。董竹君带着满满的失望暂且离开，可还是没有放弃。第二天，董竹君向他妥协，其他人她可以暂时不理，但女儿们都必须上学，而且要上到大学毕业，这是她最大的让步！

　　夏之时没有理睬董竹君，只是独自思考他的"革命事业"。董竹君知道，即使夏之时今日同意了，日后也会有变数，所有问题的源头无疑就是他的思想问题，这个才是根本。

　　董竹君又对他进行劝告，劝他找回初衷，不要总想着争权夺利，若实在不行，就放弃政治，做一个普普通通的社会人士，如今家里条件也还富裕，他们不必为了生活奔波，已经比许多人幸福多了。夏之时不听，还疑心董竹君在管理家务和公司时偷藏了私房钱，董竹君一再忍耐，还让夏有文写了证明信。

　　夏之时在这件事情上可以说是冥顽不灵，他听不进任何劝告，还找了无数理由来反驳董竹君，其中又说董竹君受了新思想的诱骗。说女子读书无益，早些嫁人算了，迟早都是别人的媳妇，这里还指着董竹君的鼻子说她不就是这样的吗。还说在上海这样的大都市，这样做非但没帮上忙，还可能害死她们。

从这件事情，董竹君开始萌生出和夏之时分开的念头。以前那些无关紧要的事情她可以忍气吞声，但只要关乎子女的未来，她决不肯让步。

此后，他们以争吵度日，当时很多朋友都帮忙调解，劝道："看在这么多年的夫妻情分上就暂时委屈委屈，把孩子带回四川，等日后夏之时气消了我们再劝劝他"。

董竹君并不是蛮不讲理的人，想到在四川的儿子心中十分不安，于是便答应夏之时带小的孩子回四川，大的留在上海。夏之时也答应了。

若事情照着这样的轨迹发展，董竹君也许永远不会和夏之时离婚，可离开上海的当天早上，夏之时的行为让董竹君忍无可忍！

孩子们起床后都非常积极地挤在洗手间梳洗，当时国琼和文兴哲都在里面洗漱。夏之时误认为文兴哲和国琼已经有了男女之间的情愫，便冲到女儿面前，扯着她的头发把她往卧室拉。歇斯底里地指着女儿大骂：男女授受不亲，在那里挤来挤去像什么样子！小小年纪听母亲投考什么音乐学校！禁止和文兴哲的一切接触，谈话、玩耍，统统不许！

14岁的国琼被父亲的样子吓得一直哭，半个字都说不出来。夏之时找出一根绳子和一把剪刀丢在她面前，让她选一样用来自杀。董竹君闻声赶来，万万没想到夏之时把卧室门锁上了。她用手拍打着，嘴里大声叫着喊夏之时的名字，让他开门。董竹君可以清楚地听到里面的声音，她真害怕丧心病狂的夏之时会对自己才14岁的女儿做出什么事来。她发誓，若女儿有任何闪失，她董竹君这辈子都不会原谅夏之时这个混账！

夏之时骂完了，坐在椅子上看戏般看着跪在地上哭泣的女儿。大侄女夏国君也在里面，她站在夏之时身边替二叔扇扇子，不忘腾出一只手来对国琼指指点点，装出一副为国琼好的样子说："三妹，你就认错吧。"

听到这里，董竹君再也忍不住用斧头劈开门冲进去把女儿拉起来，斧头重重地丢到夏之时脚边，再差20厘米就要砸到夏之时的脚。这是夏之时第一次看到这样的董竹君，不仅如此，众人也是。但众人更多的是敬佩董竹君保护女儿那不顾一切的勇气。大女儿国琼的事情在这里才告一段落，真正让董竹君发誓再不回头的是书信事件。

国琼的钢琴教师张景卿去法国留学，经过香港时给董竹君写了一封信。这封信先是经过夏之时之手，夏之时不经董竹君同意便拆开信件。信中并无异常，只说了张景卿在途中的事情。夏之时无中生有，非说姓张的话里有话，在挑拨他们夫妻的情感。

董竹君听完只觉得可笑，分明是自己心虚还责怪别人话里有话！董竹君听得烦了，便趁他不在进了书房将信撕毁。夏之时回家后大怒，质问国琇、国瑛是谁拿了他的信。在三楼的董竹君本在整理衣服，害怕女儿们挨打于是出来承认是她拿的。夏之时听后跑着上了三楼，边跑边叫骂董竹君胆子好大，敢偷他的信！

董竹君毫不示弱，看着他的眼睛一字一句地说道："你该看清楚信上写的是谁的名字，就明白何为贼喊捉贼。"夏之时气昏了头，抬脚便把董竹君踢倒在地。

男人的力气一向很大，这一脚下来，董竹君伤得不轻，这一刻若是问董竹君女子哪里不如男，董竹君一定毫不犹豫地回答：蛮力！她自知打不过夏之时，忍着痛爬起来便往楼下跑。

夏之时拿起行李箱对着楼下董竹君头部砸下去，见砸不中，又冲到厨房拿了菜刀追上去。董竹君能感觉到，夏之时是真的想让她死，而她也对夏之时彻底死了心！后来是两个大侄儿回来拦住了夏之时，董竹君才得以逃亡，她不敢想象，如果没人拦着他，董竹君真的会死在那里。

董竹君暂时在张家表兄那里落脚，那段时间她思考得很清楚。这些年来，她担心夏之时在革命事业上走错路，一再耐心劝导，对他的脾气也是一忍再忍，尽量做个贤妻良母，做个能帮他排忧解难的妻子，可夏之时竟认为她软弱可欺，如今实在是忍无可忍！董竹君正式提出了离婚，只坚持把4个女儿都带走，钱财分文不要！

彼此都冷静了一段时间后，夏之时也许是想开了，便又找了中间人劝说董竹君，邀请她次日到法国公园，即现在的复兴公园。另一边，董竹君其实有些动摇了，她害怕自己只是一时冲动才提出离婚，毕竟这么多年的夫妻感情她怎么可能说割舍就割舍呢。

次日，她带着国琇、国瑛两个孩子赴约了。见了面，夏之时与董竹君找了地方坐下，冷静地向董竹君开口，让她仔细回想自己的出身，想想他们结合是如何不易，还有当年在日本共患难的时光。夏之时打出感情牌的确让董竹君动摇了。是啊，当年是夏之时把她从堂子这个火坑救出来，又经过他的帮助赢得他人的尊敬，她想要离开的心正慢慢地被夏之时的这番话瓦解着。

夏之时出门时已经想好谈话的模式，先用感情牌再让董竹君意识到自己的处境，这样一来，董竹君自然就跟他回四川，可就是夏之时最后这个环节让董竹君再次清醒！

夏之时后面说的是现在军人里哪家没有姨太太？他已经遵守约定只娶她一个妻子了，她为什么还要放弃这现成的金饭碗带着子女们蓬头赤脚地独自打拼呢？

他还说："按你的心愿想让孩子们都接受高等教育，到头来，如果你不弄得走投无路，带着 4 个孩子跳黄浦江的话，我手板心里煎鱼给你吃……你如果认为经过此事后，不便再住成都，搬去合江乡间居住也可以。"

听到这里，董竹君忍不住打断他，质问他不便住成都是什么意思？夏之时避重就轻地解释半晌后见董竹君不说话，以为她听不进，便停了下来。

董竹君看着草坪上开心玩耍的两个孩子，她们就像花丛中任意飞舞的蝴蝶，不应该被束缚，想到这里，一切好像都有了答案。

夏之时再问的时候董竹君挺直了腰板回答他，她不是贪图钱财的人，并把他近年来所有的不是数落了一遍，最后总结出：他不是她当年爱的那个夏之时，现在的夏之时就算给她磕 300 个响头她也不会再回夏家大院忍辱偷生！

夏之时听完董竹君的陈述，仍觉得他们的感情之所以破裂完全是外人挑拨。而只有董竹君明白，张老师的那封信不过是根导火线罢了。法国公园谈话虽是不欢而散，但也没正式离婚，董竹君搬到了三楼，夏之时住在二楼，二人正式分居。

夏之时又再三找人劝董竹君，那段时间，董竹君日日活在纠结当中，虽不在一个楼层，但毕竟在同一个屋檐下，抬头不见低头见。一天半夜 2 点，夏之时让夏国君递给董竹君一张纸条。

董竹君打开，里面的内容果然如她所想——夏之时邀请她到书房进行最后一次谈话。董竹君也大概猜到夏之时必然又打感情牌，但想到这次谈话之后两人就彻底分道扬镳，互不相关，她每走一步就像踩在棉花上无力。

董竹君心里比谁都清楚，她爱夏之时，即使他变得如此荒诞，她也爱他，但理智的另一面又告诉她夏之时的确救她逃离妓院的火坑，但现在，夏之时又变成了一个更大的火坑，她必须再次跳出这个火坑！

书房里，两个人面对面地坐着，是夏之时先打破沉默。开口说道："竹君，你还记得吗？以前我们在日本，你替我回国送信，送完信回到东京饿得说不了话，我从你手势中才知道你是饿了，那天我带你到餐馆，你就吃了三口面。还有穷得买不起烟的时候，你半夜爬起来，从垃圾盆里捡抽过的烟头用水纸卷起来再给我解决烟瘾……"

从头到尾董竹君都不说话，不看他，仿佛这段回忆的女主人不是她，是一个无关的人，她既已有答案，就丝毫都动摇不得。

夏之时脸上流露出受伤的表情，低低地说出一句：你怎么从头到尾都不看我一眼呢？

在这里，夏之时也许是真的知错，想悔改了，但董竹君也明白，江山易改，禀性难移的道理。最后，两人各退一步，决定暂时分居 5 年。

这 5 年期间，董竹君一个女人带着 4 个孩子在上海闯荡，她借钱，找零工。董父因为在四川协助管理黄包车公司早出晚归，寒气入侵导致肺病复发，一家人的负担又落在她肩上了。这 5 年间她不后悔离开夏家，唯一的遗憾便是没能带上儿子一起。

夏之时在分居前答应过董竹君会给孩子汇生活费，分居后一分也没给。还写信给戴季陶、李伯申、谢持等人说董竹君私吞汇款。让他们不要给董竹君提供帮助，还请当地政府将董竹君抓起来。

三人与董竹君交情不错，他们非常尊敬董竹君，对夏之时的所作所为感到寒心。戴季陶收到夏之时的来信后，并没有给予理睬，反将董竹君请到南京将信件亲手交给她。

1932 年，董竹君曾因政治关系被捕入狱。释放后，夏之时又到处造谣说董竹君是共产党员，还写信给范绍，让他找机会将董竹君淹死，范绍找杨虎商量，杨虎不同意，这件事就不了了之。

全国解放后，董竹君的女儿国瑛从美国留学回国后探望杨虎，杨虎才同她说起："你妈妈非常聪明能干，但是你父亲实在糊涂。"1960年，范绍才亲口告诉董竹君这件事情。

1934年，5年期限已到，夏之时在上海见到了董竹君便开始冷嘲热讽问道："5年间成就如何？感想又如何？"董竹君回答他，成就没有，感想倒挺多的，她想如果当初嫁了一个上战场打败仗的军人，那生活负担可真重。夏之时知道她话里有话，却一直回答不上来，只好又提出，只要同他回去，便拿钱给董父治病。董竹君听后更是坚定地回答他："我们还是离婚的好。"

正式离婚的前几天，夏之时对董竹君着实比以前好许多，可这都是障眼法，骗不了董竹君。

几天之后，两人终于去了律师事务所，律师李伯申是夏之时的朋友，5年前也帮夏之时劝过董竹君。签字前李伯申问董竹君有什么条件？董竹君在回忆录中详细地记录了当时的两个条件。

这两个条件分别是：第一，离婚以后，孩子的父亲不能像分居时那样言而无信，讲好给孩子汇生活费却分文未给。孩子的父亲是有钱人，她希望他能遵守承诺，让孩子们长大后也知道有父亲的存在。第二，董竹君要是出什么意外，请孩子父亲念在多年的夫妻情分上，继承董竹君的愿望，继续供她们完成学业。

正式签订离婚协议后，李伯申不由得向董竹君感叹道："世人都认为你们是一对颇为恩爱的鸳鸯鸟，谁承想如今分开得这样决绝"。董竹君苦笑，曾经无数日子不过是琴瑟失调，同床异梦罢了。

夏之时这时候也走过去，表现出颇为感动的样子向董竹君伸出手，说道："你的风度着实让我感动，我今天才知道你的人格如此，你放心，你提出的要求我完全可以做到。"董竹君朝他讽刺一笑，夏之时所感动的无非就是自己没拿夏家一分钱罢了。董竹君大步走出律师事务所，只觉得心情格外舒畅，仿佛吸一口空气都是香草味的。

这样的结局便是董竹君所希望的，董竹君在心里暗暗地说道：愿彼此今后各自安好。

繁华过后的倔强

我们的生活轨迹就像一个时钟，从起点转到终点，再转一圈，又从终点转到起点，周而复始，起点亦是终点。兜兜转转，我们还是没能逃开命运的梦魇。

董竹君从上海到日本、到四川，最终回到上海，这一路上，命运给她画了一个圆，庆幸的是，那圆里装满了董竹君这些年在路上收获的知识、见解。在这里，董竹君才开始真正地浴火重生。

分开之后冷静地思考了和夏之时之间的种种，得出这并不是偶然，也绝非悲剧，至少对生活来说这是一个解脱。一段锈迹斑斑的感情若再继续下去，结果只怕会更糟糕。在这件事情上，董竹君的处理方式绝对是正确的。同时，董竹君也明白，一家人又要过贫穷的生活了。

此后，董竹君投入于培养孩子和参与社会活动中。无奈和夏之时分开时董竹君真的分文未收，如今只能靠典当继续生活了。

董竹君面子薄，和夏之时在日本这样人生地不熟的地方董竹君都觉得面子上有些过不去，回了国在这个她长大的土地更是面红耳赤。董父体谅她，大部分都替她去当。有一次孩子的学费实在是付不出了，董竹君一咬牙，厚着脸皮便自己拿着一包衣物去当铺。

董竹君清楚地记得当时自己到了门口还在外头站了许久，迟迟不敢进去，内心满满的羞愧感，心跳也不住地加速，仿佛这手里的东西是她偷来的一般。

最后董竹君又四处张望许久，确定没有人看着她了才抬起脚急急忙忙地走到当铺高高的柜台前。许多同她一样要当东西的人都把东西举得高高的喊价钱，到董竹君时，掌柜的打开包袱一看，发现里面全是上好的衣料，于是故意开口问她想当多少钱，好按着她的价钱再往下压，免得自己一下子给高了。

董竹君出价 50 元，掌柜的便立刻压到 30 元，还说这已经是很高的价钱了。董竹君没辙，只好拿着 30 元回了家。其他人都眼巴巴地看着董竹君，思考着她到底当了什么得了这么多钱，30 元在当时的社会里可以让一个平常的百姓家庭生活好几个月了。

又一次，家里又缺了伙食费和另一笔费用，听说过董竹君与夏之时事情的人见到董竹君总忍不住问她："你生活这么艰难，为什么不回去找夏之时呢？这样负担也少许多呀"。每至此时董竹君都只是微笑着回答："夏之时与我没有任何关系。"

董竹君宁愿让大女儿国琼把大提琴拿去抵押换钱，也不愿找夏之时。15 岁的国琼呆呆地看着大提琴许久，又回过头看看母亲，最后披上大衣拿着琴出门去了。董竹君站在门口，看着孩子拎着提琴离去的身影，董竹君心里被深深刺痛了。国琼读的是音乐专科学校，大提琴是她音乐学习科目里不可缺少的工具，这一刻，董竹君想到了那个年纪的自己，生活也是如此艰苦。

国琼拿了十几块钱回家，懵懂地问母亲，是不是当少了？当时柜台上的掌柜问她想当多少，她太矮了，很费力地把提琴放在柜台上，就看不见掌柜了，也不敢吭声。在她心里，这把大提琴是不可能才值这十几块钱的，母亲拿出去的那些东西换回的钱也不够衣服本钱的一半，她不知道这其中有什么规矩，于是问了母亲。

看着孩子清澈的眼眸，董竹君心里非常后悔让女儿去当乐器，但丝毫没有想到向夏之时求助。只想着得赶紧想办法把大提琴赎回来。董父在这方面了解得比较多，自然也就多明白各个规模的当铺的规矩，于是董竹君找到父亲，打听了国琼当掉的大提琴的期满时间。过程中听父亲讲起各种门道，不禁感叹，当铺、押头店老板们越有钱，穷人们就越穷，那些吃喝嫖赌的有钱人都是踩在穷人的头上逍遥，难道他们就不怕晚上做噩梦吗！

从小董竹君就切身感受到什么是饥饿、贫穷、侮辱、不公，在夏之时家中又看到什么是压迫、堕落。这件事情之后，董竹君越发坚定自己为革命事业做贡献的理想。她虽然不知道什么是共产主义，但是她纯朴的意识里始终认为着，对老百姓好的东西才是对的。

她的父亲从她很小的时候就被外国人欺辱，那时候她就对外国人恨入骨髓，后来听说了清政府如何迫害人民，反而对洋人百般讨好，董竹君也对清政府切齿痛恨。她希望自己的国家能够真正独立富强起来，希望女性能在社会中得到平等与尊重。辛亥革命开始时，董竹君支持夏之时和他的伙伴，因为他们出发的目的真正是为了民主富强。

可后来，这些人大多改变初衷，一个个成为祸国殃民的毒瘤。后来听说共产党是真正为人民奋斗的党派，董竹君便开始关注共产党，才了解到事实和文兴哲说的一致。共产党为贫苦人民而战，为共产主义信仰而战。

这是真正正义的党派，是董竹君敬佩的党派。可就是这样的党派，却被国民党、大肆追捕，杀害，想到这里，董竹君是痛心的。同时，她对自己未来的人生道路有了明确的目标。

不久后，经过张景卿的介绍，董竹君认识了两名四川女共产党员，一个是口才极好，重情重义的郑德音，另一个是沉着冷静的蒲振声。董竹君又通过郑德音认识了性格刚强的热血少年郑志，又名郑沙梅。与郑德音、蒲振声初次见面，两人开口便说："听说四川有位叫夏之时的都督的太太带着儿女们离家出走，着实轰动了成都呢，各家报社都登载着，我们二人这才托张景卿介绍这位奇女子认识认识。"

董竹君听后只觉得二人非常亲切，把自己离开成都的前因后果都同她们讲过一遍。二人听后对董竹君的遭遇深表同情，但更多的是佩服她的勇气，在这个男强女弱的社会里，女性的地位本就低下，像董竹君这样的女性实在少见。

随后她们同董竹君聊到书籍，问董竹君平时都看些什么书，还给董竹君送了许多进步的书籍。

董竹君细心研究这二人送的书，从其中一本书中明白了自己做母亲时总要发脾气的原因。看哲学书时常因与书中观点感同身受而激动得睡不着觉。

董竹君许多朦胧的观点在这些书籍中被证实，报效祖国的理想在书籍的熏陶下日益加深。她开始能思考日本明治维新和孙中山三民主义的弊端，这些书籍的确让董竹君受益不少。再见到郑德音、蒲振声二人时，董竹君便向她们提出想加入共产党，和她们一起革命。

二人听后非常高兴，但建议她应该先回四川找夏之时拿一笔钱出来养家，稳定了经济才能放心干革命。董竹君听后立刻否定了她们的想法，她觉得既然自己已经离开夏家，便绝不可能再为了钱回去找他。再说，以夏之时的性子，她若是回了四川，还能不能出来都成了问题。两人听后也不便再作声了。

1930 年一天傍晚，伴着西边残留的丝丝昏黄，郑德音把董竹君带到法租界的一条弄堂里，进了一座石库房子，走进左厢房内，董竹君看见一个看起来 30 多岁、黑黑瘦瘦、戴着眼镜的男人坐在书桌前面，经郑德音介绍才得知此人姓李。

李先生见到董竹君便非常严肃地询问家庭状况，例如家庭成员、经济情况、工作情况。董竹君把实情告诉他，并解释虽没有找到工作，但以后想去教书，有可能的话，教书之余还想经商。那人听后神情依然严肃。向董竹君提议道：暂时不入党。

原因是因为董竹君家庭经济状况不好，入党以后流动性较大，参加革命之前要先解决好家庭问题。建议她先从经济上找出路，若以后事业有成，还可以在资金上资助党，至于入党还是等孩子们长大了再说吧。

最后让她考虑 3 天，以 3 天以后再谈为由打发了董竹君。董竹君当时心里是失望的，但入党的那份决心仍旧不减，3 天后董竹君回去赴约了，可李先生却不见了。当时正处在革命低潮期，郑德音、蒲振声二人都说找不到人，李先生已经失去联系。国民党大肆捕杀共产党人，他们被迫经常搬迁，这样的事情在当时是家常便饭。郑、蒲二人料到可能是出了什么事情，这上海怕是不宜久留，于是便急忙告别董竹君。临行时还劝她不妨照李先生说的试试，其他事情以后再说。

分手后，董竹君整日无精打采，总觉得要出什么事情。不出她所料，不久后，蒲振声的妹妹告诉董竹君："她姐姐与郑德音被捕入狱，现姐姐已死在狱中，郑德音还未出来。"

听到这个消息，董竹君心里极其悲痛。此后，她与郑德音的弟弟沙梅、蒲振声的妹妹常常往来。有一次冬天，董竹君正要出门，沙梅在门口撞见她，说有困难，董竹君二话没说便把脖子上的狐狸皮围脖拿给沙梅。让他去当铺抵押换钱。

董竹君二叔一家老小九口人生活全依靠贩卖报纸维持生计，生活本就已经非常不易，但见到董竹君一个人独自带着一家老小 7 口人，除了生活还要供孩子上学，因此对董竹君也是非常关心，也问董竹君为什么不找孩子爹拿钱，董竹君挺直腰板义正词严地回答道："就算饿死也绝不向夏家讨一口饭。"她争的就是一口气，当初夏之时不是口出狂言说能带着这 4 个孩子在上海活下去他就手掌心煎鱼给她看吗？如今她就是要证明给夏之时看，她不仅能活下去，而且还活得比他精彩！

这才是董竹君，不为五斗米折腰，不被困境打倒，不被乱世遮住双眼。她的倔强，是女性的骄傲，从这一页起，她的传奇人生才算正式上演！

将生意做出国门

　　梦想，存在于每个人的心里，它像一阵风，仿佛伸手就能触碰，又仿佛遥不可及。那阵风一直在董竹君心头飘荡，最后飘出现实，变成理想。

　　当初因离开四川被迫关闭的黄包车公司和丝袜厂让董竹君非常不甘心，于是在离开夏家的第二年，董竹君又盘算着办工厂。可在上海这样的花花世界，董竹君真真切切地感觉到了什么叫力不从心。

　　彼时的上海全是外国人进口的洋货，中国人自己的民族企业少之又少，能存活下来的企业大多都是有靠山的资本家。当时的董竹君除了当地的几个穷苦亲戚和几个还未长大的孩子，便没有什么认识的人了。可即便如此，董竹君办企业的愿望仍然灼热。

　　董竹君寻思着，二叔毕竟以卖报为生，从报纸上应该积累了不少这方面的见闻，于是她便去找二叔商量。二叔听了她的想法后先是表示赞同，而后向董竹君提议开纱管厂。原因是纱管厂生意成本低，销路多，而且现在国内在这方面资源短缺，纱织品基本被日本垄断，虽然日本的产品质量好，但是价格贵。

若董竹君能成功办好纱管厂，把产品价格降低些，那么老百姓都会选择买国人自己的产品，这样既可以做到抵制洋货，也可以增加收入，一举两得。

董竹君听后表示赞同，企业方向确定好了，接下来就是筹资了。董竹君将自己从四川带到上海的项链和所有能变卖的东西一并出售了才换来800元现金。二叔也四处奔走，到处向友人借款，邀请他们投资。本着有钱出钱，没钱出力的想法，他又找到几位员工。功夫不负有心人，几经波折之后，董竹君才艰难地筹到了大致4000元的现金。她欣喜若狂，立刻在闸北台家桥创办了群益纱管厂，尽管纱管厂规模很小，所有职工加起来才100多名，但董竹君仍对工厂抱有很大的希望。

1930年春，董竹君在工厂门口点鞭炮庆祝正式开张，她没有钱请客吃饭，只给来捧场的人们发了糖果。那天，董竹君站在门口，心怀希望地看着爆竹，她知道，点燃的不只是开张大吉的美好心愿，更是女权的证明和对革命的支持。她办厂的目的既为生活，更为理想。就这样，她成了上海女性创办实业第一人。

办厂其实就像买车，买车容易，养车难，办厂亦是如此，接下来董竹君面临着管理的难题。她在四川时虽有黄包车公司和丝袜厂的实业经验，但毕竟行当不同，人文地理等条件也和四川大不相同。董竹君基本上都是自己学习，然后再教给工人们，员工们大都是知识水平不高的老百姓，但好在工作内容技术含量不高，一学就会，基本没什么问题。但凡涉及进货、推销等技术较高的工作时，董竹君都要亲自动手，除了管账的账房先生在账务方面帮上一些忙以外，董竹君无论什么都亲力亲为。

即便如此，工人还是会找董竹君麻烦，特别是初期资金不足发不起工资的时候，工头经常从中作梗，散布谣言，好从中牟取暴利。董竹君着实心烦，但又无计可施。她写信向知识渊博的友人们提出困惑，并走访同行工厂，希望从中汲取经验。

一段时间后，董竹君从书信、实践中总结出：若想让工头全心全力做事，就得让他有责任意识。后来，董竹君采取工头也是老板，实现合作共赢的对策，果然取得了明显的成果。加上长时间相处，工人们也对董竹君的人品有一定的信赖，就都好好干活了。

董竹君毕竟是第一次脱离雄厚的社会背景单枪匹马办厂，而且，这个工厂承载着 100 多名员工的家庭经济来源，所以，她每天都活在担心工厂会不会倒闭的压力下度日。

董竹君家离工厂有 3 个小时的车距，早出晚归是那段时间董竹君的生活标签。那么她到底早到什么程度呢？又晚到什么程度呢？最忙的时候她伴着五更的鸡鸣出门，踩着午夜正挂高空的月光回家。若是要入冬了，董竹君回到家还要给孩子们做御寒的衣裳，一天下来只能睡 4 个钟头是常有的事情。也许，董竹君的关节炎就是那时候患上的吧。

后来为了出行方便，董竹君带着孩子由父母的小平房搬迁到租界麦色尔蒂罗路（现为兴安路）的三德坊两间亭子住下。为节省开支，董竹君将其中一间房子空出，做了房东，将房子租给福建的一位热情正义的进步人士庄希泉。

庄希泉与其夫人在上海主办曙光学校，见董竹君生活如此困难便介绍她到厦门担任厦门女子中学校长。但是董竹君放不下刚创办不久的纱管厂，她也清楚校长的职位并不是她的理想，转而让文兴哲的母亲胜任。其间，文兴哲母亲铭记董竹君对自家孩子的救命之恩，也经常帮助董竹君照顾孩子。

戴季陶是国琼的干爹，董竹君又是戴季陶母亲认的干女儿。论辈分，董竹君也算是戴季陶的干妹妹。戴季陶对董竹君颇为关心，常邀请董竹君到他南京家中小住，照顾老母，到上海时也不嫌弃董竹君家居简陋。戴季陶听说董竹君办厂遇到困难，立刻给了董竹君1000元作为资助。

当时无锡有个纱厂巨子叫荣德生，戴季陶还写了一封介绍信，介绍董竹君到荣德生办公室直接推销。

那天，董竹君拖着38度高烧的身体乘了最低等的火车赶到无锡。无论什么时候，董竹君都认为，人靠衣装佛靠金装，仪容仪态极为重要。

因此，她特地换了一套白衬衫配藏青长裙，脚下搭一双黑色圆头皮鞋，让自己看起来体面些才去找荣德生。

一路上，或许是因为董竹君偏西式的穿着，又或许从未见过女子抛头露面东奔西跑地做生意，董竹君经过的地方回头率极高。董竹君本就是个面子极薄的人，想到这次还是在别人地盘上求人，这时的她感觉自己犹如马戏台上的小丑，难为情极了。

到办公室门口，董竹君等了许久才能进去，等的过程中董竹君无数次产生逃跑的想法，她实在没有信心能说服一个巨头同她这样的小工厂合作，可她最终还是忍住没有逃跑，想着即使结果不尽如人意她也要试试！

董竹君早早地就做好遭到拒绝的心理准备了，但是这一刻真正到来的时候她还是忍不住失望了。

就像董竹君预料的一般，荣德生没有答应与董竹君合作，也许是碍于戴季陶的面子，他也没有明确地拒绝董竹君。即便如此，细心的董竹君从荣德生的语态便能察觉出这次合作失败了。

即使这件事情的结果是以失败告终，但回到上海后，董竹君先是向戴季陶表达了谢意，之后立刻另寻他法。她试图向银行申请抵押贷款，无奈纱管厂的规模小，创办者又是一个毫无背景的妇女，银行派了负责人考察之后毫不犹豫地给了她一个白眼，结果不言而喻。

1931 年，董竹君通过庄希泉结识了来自菲律宾的林朝聘、陈清泉、卢玉质等几位华侨，他们身份地位显赫。这些人思想开明，性格直爽，和他们往来时，董竹君只觉得无比自在。同他们谈起自己创办纱管厂的事情时，他们并没有因董竹君是一介女流而瞧不起她的纱管厂，反而派人实地考察争求合作的机会，并且鼓励她到南洋招股扩厂。

这些人中董竹君对陈清泉印象较为深刻，他是达沃麻厂经理，对共产主义很感兴趣，却只停留在模糊的阶段，就像最初的董竹君。从交谈中董竹君还得知他的妻子是菲律宾人，二人是被迫结合的，陈清泉是天主教教徒，按教会规定，天主教是不能离婚的。

陈清泉还向她透露道：麻厂经理并不是他的理想，国家兴亡匹夫有责，他想同董竹君一起干。

董竹君闻此，心里非常高兴，并且决心助他成就大事，介绍党内人士给他认识。董竹君这一做法从客观上可以说是正义之举，可与陈清泉合作的商人们并不这么认为，他们恨透了董竹君的"妖言妖语"。

不久，董竹君听取林、陈、卢三人的意见，将孩子们安排好，然后乘船前往菲律宾招股。

在菲律宾期间，董竹君结识了不少工商界名流，如许友超、桂华山、姚乃昆、施嘉谋、施守璧等，他们亦是华侨。与他们往来时，董竹君除了谈工作还注重启发他们的爱国情怀。

到菲律宾已经大半月了，这些日子里董竹君白天为招股奔波劳累，晚上不看书时便站在窗前，对着外头的圆月沉思。

她在想：自己不在的这段时间里，不知家中老小是否安好？最小的国璋会想妈妈吗？国琇、国瑛在学校学习如何？国琼的钢琴弹得比以前好了吗？她最不放心的，其实是远在四川的小儿子大明啊！离开四川时因顾忌他年纪小，怕他经不起舟车劳顿才没有带他一起逃离成都，不知道这孩子现在如何？夏之时会不会把对她的愤怒撒在孩子身上？

人在孤独、惆怅、缺乏安全感的时候总容易想太多，董竹君当时就是这样的状态。

中国有句古话，说的是：天无绝人之路。在期满 1 个月的时候，董竹君成功招进近 10000 元的股子，小小的群益纱管厂在菲律宾变得小有名气起来。得到这笔资金后，她立刻订船票回到中国，将小型的工厂扩大成一个中型工厂，人数由原来 100 人增加到 300 多人。还受委托协助一位福建医生开办医院，事业做得蒸蒸日上。

同时，三德坊住所的正房东找到董竹君，以房子有用处为由让董竹君另寻住所。几日之后，董竹君迁往霞飞路（现为淮海路）岐斋前楼。在霞飞路住不过 1 个月就又迁往金神父路（现为瑞金二路）花园坊 96 号。

家中二老本住在二叔家里，那段时间董母与董二婶发生了些口角，日子过得并不和睦，二老也觉得寄人篱下始终不是长久之计。董竹君听完二老的想法后立即动身帮双亲找住所。在这里，董竹君为什么不让双亲和她住在一起呢？

原因有二：其一，董竹君不希望双亲看到自己经济困难而担心。其二，董竹君害怕自己的革命活动会威胁到双亲生命安全，她资助共产党的事情还是越少人知道越好。就这样，二老从渔阳里搬到霞飞路一家饭店附近的居民区。当时的上海，部分生活不安定的老百姓都像董竹君这样频繁地搬家。

董竹君已经是一家工厂的女老板，可她却没有一分积蓄。其实工厂赚了钱之后，董竹君只留出足够开支的金额，其他利润统统捐给共产党。

有人说，梦想是抓不住的，董竹君用行动证明，抓不住的不叫梦想，叫白日梦，等我们有了足够的才华支撑起心中那个梦的时候，它便成为理想并触手可及。在这偌大的上海，她凭借自己的努力实现了心中那一个伟大的梦，她是女性的典范，她叫董竹君。

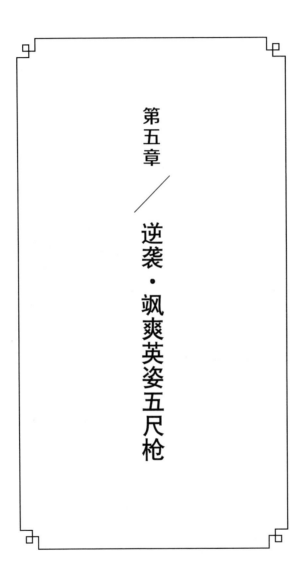

第五章

逆袭·飒爽英姿五尺枪

监狱里的风云

那是一个禁锢自由的地方，它被称为人间地狱，是只给堕落深渊的灵魂准备的安身之所。高墙、铁丝网、钢筋水泥是它的特征，被关在里面的大多是十恶不赦的罪人。墙外阳光高照，墙内却暗无天日，这就是监狱。

当历史演变到民国，监狱的属性从根本上发生了翻天覆地的变化，而董竹君也亲身体验了一把吃牢饭的滋味……

1931年9月18日，日军侵略势力日渐猖狂，蒋介石仍然采取不抵抗政策，东北三省很快沦陷，这是史上著名的"九·一八"事件。

事件爆发后，全国人民抗日情绪高涨，绝大部分工人学生上街游行示威。那期间，董竹君通过国琼的一位同学认识了一个经常组织群众大会的浙江籍革命党人，叫骆介庵。董竹君带着国琼第一次参加游行便是受他鼓舞。

董竹君带着女儿挤在人群中，把拳头一下一下地举向天空，工人们整齐地喊着口号，董竹君也放开嗓子跟着喊，伴着铿锵有力的节奏，随着浩浩荡荡的人流不断前进。队伍越来越壮大，一路上都是游行示威的爱国人士。

游行是公开向侵略者们宣战的一种方式，虽然最终结果是被巡捕们用武力驱散，但董竹君仍觉得欣慰极了，这是她的祖国，这些热血的人们是她的同胞，他们正团结一致将日寇赶出家园！

1931年冬季，董竹君与郑沙梅、谢韵心合作创办了杂志《戏曲与音乐》。创办杂志的资本从董竹君的纱管厂中抽出，以艺术书店名义出版，地址就定在花园坊。

可惜好景不长，1932年，日军的炮火打到上海，日军的战机在上海上空丧心病狂地投下炮弹，无数建筑工厂被炸毁，董竹君的纱管厂也难以幸免。此时淞沪战役爆发了，全国各地的爱国人士都纷纷组织义勇军，英勇抗战，董竹君上不了战场，便出钱捐款。淞沪战役最终取得了胜利，也是抗日史上最著名的以少胜多战役。

抗日战争爆发时，蒋介石不知躲在什么地方当缩头乌龟，战争胜利后，他开始出来克扣百姓们的捐款。抗日军队十九路军处于军粮断绝的窘境，无奈之下，只好从上海撤离。这时，蒋介石又命人与日寇签订《上海停战协议》，协议内容多为保障日寇利益。

陈清泉在厦门听闻上海局势紧张，赶紧写信邀请董竹君到厦门避难。纱管厂被炸毁，近300名员工的经济没了保障，董竹君所有的钱也都捐了出去，还有人趁机造谣说董竹君做的是黑道行业之一的"拆白党（上海话）"，如今遭了报应，后经参观过工厂的华侨友人们证明才得以洗清冤屈。董竹君收到信后立刻答应陈清泉赴厦，其原因倒不是真的去避难，董竹君想趁这个机会向陈清泉求救。

董竹君没有打算在厦门久留，只带了些简单的行李便随着陈清泉的弟弟陈清文逃票混进船舱。他们没有钱，一路上都躲在人最多、最脏的地方，检票员上来查票他们就装睡。董竹君在船上整整待了三天两夜，这三天当中她滴水未进，在厕所附近呼吸。到了厦门下了船董竹君才觉得自己又活过来了。

那是1932年2月底，到了厦门第二天，厦门的一所女子中学邀请董竹君到校演讲。董竹君应邀，她站在演讲台上，讲的全是抗日救国，反蒋匪党。讲到高潮时董竹君情绪激昂。底下的学生也纷纷响应董竹君，同时，董竹君也察觉到人群当中有一双不善的眼睛在盯着她，她看不见人，却能真切地感觉到那眼神，像尖刀。

她站在最高的演讲台上，敌人一眼就能看见她，可她却做了睁眼瞎。察觉到局势不妙，董竹君草草地结束了演讲回到陈家。

果不其然，当天晚上就有人送来口信让董竹君立刻逃跑。董竹君不敢马虎，又立刻从厦门连夜赶回上海，她走后不久，陈家便遭到搜查，陈清泉的母亲被吓得不轻，陈清泉也因为这件事情被迫回到菲律宾。

董竹君回到上海便致力于让纱管厂恢复生产，为此，董竹君又开始早出晚归，日夜奔波。在无数人眼里，董竹君是一个既可以在安静时风度翩翩，优雅高贵，又可以是一个疯狂起来能让人大跌眼镜的女人。

傍晚，董竹君在回到家和孩子们吃过晚饭后，突然听到街道外面一片喧哗，董竹君探头出去一看，原来是市民们在敲锣打鼓庆祝十九路军打了胜仗。董竹君也抑制不住心里的激动，带着孩子们出门买了许多鞭炮，坐上黄包车点着鞭炮让黄包车师傅拉她转了上海一大圈。一直到晚上 11 点董竹君才意犹未尽地带着孩子们回家休息，一时忘记了纱管厂的烦恼。

屋漏偏逢连夜雨，船迟又遇打头风。1932 年 3 月 4 日深夜，孩子们都已经睡着了，楼下突然传来急骤的敲门声。骆介庵下楼开了门，巡捕房的侦缉人员（在当时又称包探）带了人马立即涌进房子冲上书房（也是董竹君的卧室）。各个门口都有人员把守着，带头的那个便站着指挥手下进行搜查，搜查过程中也不忘出言威胁董竹君，一开口就咬定董竹君是反动分子。董竹君全程都板着张扑克脸看着他。

很快，一个包探从董竹君床底搜到一包宣传品，他爬到床底捞出后得意地看了董竹君一眼，转而对头子点头哈腰地讨好道。董竹君心里不禁感叹自己真真是免费看了一场变脸大戏，那张嘴脸她想起就觉得恶心。

包探头子看到宣传品心里简直乐开了花，他命人把董竹君抓住，董竹君一下子动弹不得，只得用犀利的双眼恶狠狠地盯着他。包探开始盘问东西来处，问董竹君同党在何处？还假惺惺地说只要全部交代并给他们 1000 元的封口费他们就放了她，当作什么都没有发生过。现在先对她进行审问都是为她好，省得遭受牢狱之灾。

董竹君否认她是共产党。包探见唱白脸行不通便开始动手扇董竹君耳光。不论何时，对手无缚鸡之力的女人动手的男人绝对算不上一个真正的男人，更别谈正人君子了。

从他们为蒋介石卖命董竹君就知道这些人绝非善类，没想到他们不仅如此，还是真真切切的混蛋。包探见她还不屈服，无奈之下只能把她押到巡捕房。

临走时董竹君到前楼看了眼都在熟睡的孩子们，再三思考，她决定叫醒国琼。

16 岁的国琼从熟睡中被叫醒，本来惺忪的双眼因为眼前的情形立即清醒起来。她跳下床铺，满眼惊恐。

董竹君将身上仅剩的 19 元交给国琼，让她照顾好妹妹们，还嘱咐她别让外公外婆担心，明天天亮后去请隔壁张殊明陪她一同去找一个叫陈志皋的律师，听说他在巡捕房很有名，并且专为进步人士辩护。

董竹君觉得他也是进步人士，一定会非常乐意帮她忙的。交代完毕后董竹君就被押走了，骆介庵也没能幸免。包探把他们押上车后，派人盯着，又往郑沙梅住所搜。不一会儿，郑沙梅也被抓了。

车子在法租界巡捕房临时监狱的门前停下，三人被分别关在不同的地方。董竹君先是被关在了办公室，第二天傍晚，两个包探进来审讯，内容和昨夜一样。后来，他们见问不出什么结果，就又把董竹君关在办公室 3 天。3 天后，大概是觉得董竹君没趣，那天只有一个包探进去审讯，见实在也问不出什么，那包探再次向董竹君确认道："你真的没有钱？"董竹君回答没有，那人气得直接把她关进监狱。

当时全国各地的监狱犯人比例是：政治犯占 50%，军事犯占 30%，刑事犯占 20%，由于政局混乱，监狱对政治犯放宽尺度，董竹君从未遭受到严刑拷打，但是没少挨骂。

监狱是一个很狭小的地方，阴暗潮湿，甚至还有点阴森，至少董竹君的感觉是这样的。门窗都是粗木做成，一个木台上就放一张草席让所有犯人挤着一起睡。脚上铐着一副铁锁链，脚一有动静那链子的声音便传遍整个牢房。董竹君曾听别人说起：在民国，蹲牢房的很倒霉，狱头看你不顺眼枪毙你都不用打招呼的，牢里人要是杀你随便找个借口就能把人办了。

想到这里，董竹君不免有些恐惧担心，因为她不知道跟她关在一起的都是些什么人，万一有什么冲突，这脚上的链子绝对算得上是一件非常好的凶器，勒死她轻而易举。

后来，董竹君才知道，政治犯、大盗、杀人犯都不关进她这间牢房。这牢房里都是些无关紧要的小角色，就像妓女、小偷、赌棍、吸鸦片的等鱼龙混杂的犯人。董竹君开始不时地和他们讲革命道理，他们有些人感兴趣地听着，有些人蒙头睡觉，但大家都相处得非常愉快。董竹君这时才觉得自己之前的想法真是杞人忧天。

牢房里每两个星期就放犯人出来洗一次澡，董竹君进去的第二天刚好是规定洗澡的日子，也是那时候她才明白，3月4日晚上不少和她一样的人都被抓了，听人说，国民党同司法租界的巡捕早早预谋好趁着十九路军打胜仗来一次大搜捕。

进入牢房第四天，大女儿国琼来给她送饭。并告诉她，虽然过程有一些波折，但小张先生已经帮助她聘请好陈律师了。国琼隔着牢门哽咽道："妈妈赶紧把饭吃了，以后就送不进来了"。

为了不让女儿担心，董竹君捧起饭碗把饭菜都吃了个精光，她尝不出什么味道，只觉得还是那么小的孩子，因她入狱不得不肩负起一个大人的责任，实在令人心疼得落泪。

这饭吃下去就像石头，卡在董竹君喉头，吐不出也咽不下，难受得要紧。牢房里，一对隔着牢门的母女就这样站着，国琼看着自己命苦的母亲，忍了许久的眼泪终于掉了下来，滚烫的泪水灼伤了她的视线。不知过了多久，狱警进来把国琼赶走，董竹君这才忍不住痛哭起来。

在牢房中，董竹君对一位巡捕印象极深。这位巡捕30岁左右的样子，是越南人，中国话却说得极好。每每走到董竹君栅栏门口总劝董竹君吃饭、盖被，鼓励她逃出牢里，开导她："留得青山在，不怕没柴烧。"日子久了，董竹君也信得过他，便时常让他帮忙往家里传信。

托越南巡捕的福，董竹君虽身在牢中，但对外面的事情也都略知一二。也是从巡捕口中，董竹君看清了自己信任的陈志皋究竟是什么货色。那天，巡捕手里揣着国琼给她的小纸条来找董竹君，并告诉她：国琼和她的双亲现在正被两个包探和陈律师围在办公室里。

他们以董竹君案情过大为借口让国琼拿出3000元，国琼说手头没钱他们便让孩子去找夏之时，或找干爹，无论动用什么办法，都一定要弄到钱。国琼年纪虽小，志气倒挺大，宁死都不肯找夏之时。还说如果母亲死在狱中她就带着3个妹妹一起跳黄浦江。董竹君听后，内心衍生出一股自豪感，这是她董竹君的女儿!

董竹君打开纸条，国琼来信的内容多是向董竹君求助，在信中她说道："她拒绝了陈律师3000元的请求，无可奈何之下他又提出要600元诉讼费，还说要付清才能开庭，可是我东拼西凑才有400，还差200该怎么办？"董竹君看完后不禁感慨自己当初真是瞎了眼相信陈志皋是进步人士。他就是一头披着羊皮的狼，打着进步人士的幌子招摇撞骗，说到底还是一个帝国主义的走狗!

董竹君向来是恩怨分明的人，对付陈志皋这样的人就应该以其人之道还治其人之身。

打开栅栏放犯人出去洗澡的日子又到了，那天，董竹君意外地勇敢。她站在陌生的人群中大声问道："谁愿意借钱给我？我的律师说要付600元诉讼费才肯出庭……"董竹君话还没说完，人群中立刻传出回应的男声，那是一个人高马大的大汉，听说是四川人。他走到董竹君面前，从裤袋里拿出没有被抄出的100元汇票，豪爽地递给董竹君。感激之余，董竹君赶紧向巡捕找了纸和笔给陈志皋写信。

内容大致是说：现在只筹到这么多钱，大家都是知识分子，若陈先生能救我出牢门，他日定当感激不尽……

她写这信的目的是为了确保陈志皋会准时开庭。以防不备，董竹君又给国琼另外聘请的一位律师吴经熊写了信，吴经熊当时有事到不了上海，于是代请了一位叫俞承修的律师出面。据说这位俞律师在上海还是位有头有脸的人物。

接下来，就在董竹君觉得终于可以松一口气的时候，那名越南巡捕急匆匆地赶到董竹君栅栏门口告诉她，她可能会被判 5 年有期徒刑，据说孩子的父亲要将孩子带回四川。劝董竹君赶紧想办法脱险。董竹君细细思考过后觉得巡捕说得在理，于是找到越南巡捕让他帮忙。巡捕见她想开了也替她开心，第二天便给她介绍了一个在巡捕房很吃得开的人，董竹君通过他将牵连到此事的所有人都贿赂了一遍，总共花费2800 元。

为了不让人疑心，董竹君被转押至薛华立路的正式监狱。不久，董竹君被传唤上法庭开审。这期间董竹君唯一担心的是中间搭手的俞律师证据不足，于是一开始陈述时她便有意识地向俞律师提供资料。

原告因为没有收到贿赂，对董竹君字字句句都反驳得非常犀利。没想到俞律师实力了得，三两句又把他顶了回去，并且在很短时间内就让法官宣布退庭。据说这位俞律师后来还曾担任上海法院的院长。

1932 年夏天，董竹君以"政治嫌疑犯"取保释放。后来是一位福建医师保释了她。董竹君不长不短的 4 个月牢狱之灾正式结束了。

走出监狱那一天，一家老小都站在门口迎接着她，最小的国璋立刻冲到董竹君的怀里，一家人又其乐融融地走回家。

回家的路上大女儿国琼告诉她：一家人又搬到现在的建国西路，张宝记表哥听闻她案情严重，要遭枪决，于是想把纱管厂改为其他行业，但是工人们不同意，认为还是把设备卖了先救出"董先生"为妙。

听到这里董竹君只觉得热泪盈眶，所谓患难见真情就是如此吧。二老见到董竹君也止不住老泪纵横，嘴里喃喃着：要是你真出不来，让我们一家老小 6 口人可怎么活呀……

出狱本是件值得高兴的事情，但董竹君知道，自己在监狱中答应的近 3000 元的贿赂不过是空头支票。为此，董竹君根本不敢回家，打算在外头躲着。可没想到，董竹君出狱不过 8 小时，听人说又有什么案子牵扯到她了。情急之下，董竹君立刻带着国琼以外的 3 个孩子乘着火车离开上海，逃往杭州。

巡捕房姓刘的后来到家里找董竹君，气得摔东西直呼被耍了。陈志皋则逼国琼交出钢琴作为费用抵押。后来亏得国琼一位朋友的哥哥在军事上有些势力，这才把这些人吓退了。

从董竹君入狱到杭州避难期间，一家老小 7 口人全部由大女儿卖艺为生。对这个大女儿，董竹君是欣慰的，但同时也心疼她。她还为国琼写了一首诗，名为《上海狱中敬儿》。

母亲手中的风筝线

从怀胎十月，到呱呱落地，最后长大成人，古往今来，无数父母都怀揣着望子成龙、望女成凤的愿望。论育儿典范，董竹君当之无愧属第一人。

从上海逃到杭州后，董竹君就一直住在西湖"陶社"。陶社本是一个纪念馆，馆主是辛亥革命领导人之一，后遭到蒋介石暗杀。

现在的陶社已经破败不堪，就像电影里的破庙一般，白色的蜘蛛网挂满整个房梁，废弃的桌椅上覆盖了厚厚的灰尘，每走一步，地上的脚印就印得特别清楚，角落的小昆虫不时发出些叫声，光线从窗户上洒下来，还给这破屋子带来些温暖的感觉。

没错，能在这样的地方安身董竹君已经很满足了。这陶社便成为董竹君在杭州逃难 1 年的安身之所。

在杭州的这些时日，因为是逃难，董竹君处处小心，生活也过得简单朴素。她没了经济收入而且带着 3 个女儿，每个月只能靠大女儿的 30 元过日子。孩子们穿得破破烂烂，衣服上大小不等的补丁数也数不上来，有时候门口来了些卖水果的小贩，她们就这样眼巴巴看着，伸手扯扯董竹君的袖子，表示很想吃。董竹君只能狠心当作没看到，牵着她们的手回家。有时候真觉得孩子太苦，董竹君就省着自己的饭钱，才买了一个水果回家让孩子们分着吃。

生活虽然艰苦，但董竹君和孩子们都不觉得难过，特别是孩子们，倒显得更开心了。以前在上海，董竹君因为忙于事业，就把她们送到学校申请住宿。如今，在杭州能天天和母亲腻在一起，和母亲学唱歌、识字，自然是开心得不得了。而经过入狱这件事情之后，董竹君看问题的方式也更全面了些，也更加认识到如果革命不成功，穷人就永远没有出头之日！

这样的日子持续了 1 年后，董竹君又偷偷地回了上海。回到上海听到的第一个消息便是那天一起被抓入狱的骆介庵也被放出来了，但郑沙梅就没那么幸运了，他起初被判刑 5 年，后自己在监狱里"活动"又减了 3 年刑。

董竹君从与骆介庵的谈话中才知道，那天之所以有那么多同志被抓是因为蒋介石一派在他们一个同志那里偷抄了名单，意思是说党内有人叛变或者是他们之间出现了内鬼。

很长一段时间，董竹君都住在上海辣裴德路桃源村，日子过得战战兢兢，国琇、国瑛两个孩子的毕业典礼也只能让国琼代替参加，家里实在没东西可当了，就又拿国琼的东西先去典押着。

董竹君意识到不能再这样下去了。于是她又暗中整理纱管厂。若全身心投入到事业当中，家务、孩子的教育就不能顾全了。再三思考，董竹君决定把国琇、国瑛还有国璋 3 个女儿都送到苏州一所教会式的女子附属中学就读。只有国琼还留在上海的音乐专科学校读书。

教会学校的办学条件不错，但董竹君比较担心孩子们到了学校里会不会被教会思想腐蚀。出于这份担心，董竹君每周日都会抽出时间教育孩子们如何做人，培育她们真善美的品质。孩子们看的书她都严厉要求，对健康成长有害无益的书一律禁止，并且亲自到书店买符合孩子年龄的进步书籍。

在她们小小的世界里便注入爱国的思想，给孩子们讲中国的历史，讲精忠爱国的英雄事迹，讲犹如豺狼的帝国主义侵略者，讲卖国叛国的汉奸走狗，嘱咐她们要用功学习拥有一技之长才能在社会上立足、生存。

记得一次鲁迅到上海演讲，董竹君立刻带上孩子们赶到会场。孩子们坐在前排长椅上，整个人坐上去脚都碰不到地板了。但孩子们都听得无比认真，回家的路上还不停地向董竹君提问。董竹君只觉得欣慰极了。大女儿学艺术，她便带着国琼去看电影《伏尔加河船夫曲》。

另外，不得不说在宽容这门课程上，董竹君的确算得上是一位大师。这是一件值得细说的事情。

回到上海后，董竹君明白纱管厂是她唯一的希望。但是经历了这么多事情之后，纱管厂的一些股东纷纷撤资，而董竹君也不能公开露面。

就在这时，有人同董竹君介绍了一位叫张云卿的老先生，说是70多岁，清官家庭出身。家里还有姨太太和孩子，因为年纪大了怕遭遇不测，所以想通过投资事业为家里人留条后路。问董竹君有没有兴趣一起合作。

一开始，董竹君觉得这件事情有些蹊跷，转念又想到，纱管厂现在的处境非常艰难，有人肯帮助自然是最好不过的事情了，于是并没有深入去思考。立刻同那人约好第二天就去会见这位张老先生。后来她才发现这个承载着董竹君所有希望的张老先生居然是个翻戏党（与拆白党一样的性质）。

第二天，董竹君照常赴约去了。见到张云卿的那一刻董竹君有些吃惊，眼前这位穿黑缎马褂的老先生不像是70岁的样子，虽然有白胡子，但看起来要年轻许多。张云卿非常热情地邀请董竹君进屋，顺带介绍了几位商人朋友，说是也对董竹君的工厂感兴趣。

董竹君说了几句客套的话后便坐下开口介绍纱管厂的情况，张云卿听后一再称赞董竹君了不起，还满口答应董竹君3天后参观纱管厂。事情一直进行到确认投资这里都是很顺利的。直到那件事情后，董竹君不禁开始起疑心了。

董竹君与张云卿越发地谈得来，但谈话始终局限在商业方面，最近上海抓进步分子抓得严，董竹君也都处处小心着。那天，张云卿派人叫董竹君立刻到府上一趟，样子还挺急。

董竹君只觉得不好了，于是立刻跟上。到了张云卿家里，董竹君才知道，是另一个也答应投资的商人成天花天酒地，如今回了东北，都不肯来上海了，如今投资纱管厂的事情只好暂时往后延迟。还说大家一起想办法让那小子把钱投到纱管厂，不让他这般乱花钱，这样对纱管厂也是一件好事，最后商量出的办法是赌钱。他喜欢赌钱，那就先把他骗来上海赌钱，然后他们在赌的时候动手脚。问董竹君要不要一起参加？

　　董竹君觉得有些不对劲，以回家考虑为借口离开张云卿家。回到家后，董竹君立刻找了骆介庵商量，骆介庵同她分析道，这些商人手上的钱大多来历不明，但董竹君现在也一无所有，他们如果是骗子，那也从她身上骗不到什么。听了骆介庵分析后，董竹君决定试一试。

　　接到董竹君同意参与赌钱的事情后，张云卿立刻找人搭了台子，趁着那东北的商人还没来赶紧教董竹君如何坐庄。那东北的商人真的来了，穿戴与董竹君第一次见到他时一模一样。

　　第一天赌时，张云卿的本钱全输了进去，他们觉得是董竹君在做庄家时暗号没对好。董竹君觉得愧疚，发誓第二次不参加了。张云卿沉默了一下，随后出声，让她别愧疚，第二天就交给他吧。

　　第二天他向东北商人借了钱继续赌，结果真的赢了不少，可还差 300 元才算彻底回本。但是第三天的时候那商人不来了，还催着张云卿赶紧把欠他的账结了。董竹君最开始只觉愧疚极了，为了纱管厂害张老先生白白搭进去这么多钱。张云卿提出大家先凑钱把账结了再说。董竹君没想太多就答应了。

　　但是回到家后，董竹君又觉得哪里不对劲。她突然想起上海那些五花八门的骗子流氓组织，像翻戏党、拆白党、仙人跳等。直觉告诉董竹君，这里面绝对有文章！

　　一天晚上，董竹君没打招呼便到张云卿家中，刚巧碰见他们一家人围在一个桌子面前，桌子上全是钱。见到董竹君，张云卿变得慌张起来。董竹君把他单独叫了出去谈话，婉约地点破了他的小把戏。张云卿本想使诈蒙混过关可看到董竹君肯定的眼神，他知道事情藏不住了。

张云卿把白色的假胡子摘了下来，向她承认：他今年50多岁，听说纱管厂的董先生与四川大户人家夏之时是夫妻关系，虽然目前董先生经济困难，可凭借她的社会关系，万不得已的时候凑个几百块绝对是有办法的。他也不想骗人，可就现在这个世道，要是不骗点钱全家人就要饿死在街上了。

董竹君听完，对张云卿是既恨又同情。她恨张云卿骗她说能投资纱管厂，让她浪费了这么多时间在这里。同情张云卿也是这社会的受害者，若不是这乱世，他大可本本分分找一份工作，带着家眷过日子，又何必如此呢。董竹君叹了口气，罢了，就当是一次锻炼吧。

董竹君永远不会想到，只因为这一句罢了，张云卿日后便对她敬佩不已，还在董竹君最艰难的时候出手帮了她一把。

这段时间，董竹君始终把生活重心放在孩子们的教育上。孩子们的动手能力董竹君也绝不马虎，学做家务是必不可少的一门功课。除此之外，董竹君认为，无论何时，坚强的意志力和勇敢的精神是孩子们最应该具备的品质。为培养孩子的这些品质，董竹君曾狠下心让13岁的国瑛独自一人到南京接济亲戚。

在回忆录中，董竹君将自己的孩子们比喻成风筝，而她，便是放风筝的人。一根细线拽在手里，力气小了，风筝会掉下来；力气大了，风筝会断线。对孩子们的教育就像放风筝，丝毫马虎不得。有人问董竹君："你最喜欢哪个女儿？"董竹君笑笑，手心手背都是肉，何来最爱之说？

绝境中的一线生机

　　一位饱经风霜的老人家是这样看待世界的，她相信那个关于上帝和一扇窗的故事，尽管这个故事已经被无数人复述，再复述，甚至成了满大街的口语，但这仍不能否认它的确是真理。那个故事翻译成中文版后讲的无非就是：船到桥头自然直，车到山前必有路。

　　在这个时代，民间流传着这样一句话：最穷不过要饭，不死将会出头。董竹君用她的 1 个世纪向今日的人们验证了这句话。

　　在无锡砖厂，董竹君前后只做了 3 个月便辞职回上海。她从不做没把握的事情，也不愿为了区区总经理职位在砖厂忍气吞声。辞职后，迎接董竹君的是一连串的灾难。先是生活又开始艰难起来，一切又回到了原点，不，甚至更糟糕。

　　为了节省开支，董竹君从桃源村搬到甘斯东路（现为加善路）甘村，生活质量大幅度地下降了，每日吃不饱是常有的事情。这期间，董竹君深刻铭记父亲的家训："人穷志不穷！"为此，董竹君从不向与夏之时有关系的有钱人开口求救。可邻里亲戚也都是穷得揭不开锅的老百姓。无奈之下，董竹君只好减少供养双亲的费用。

1933 年夏天，董家二老还住在霞飞路（现为淮海路），那是当时有名的贫民窟。董母时常会到董竹君住处看望董竹君和几个孩子。每次进门便拿着扫帚四处打扫，边忙活边开口喃喃自语。

董竹君在家里的时候总拉上董竹君不停地说，内容无非就是问董竹君今后的日子可怎么办啊？讲到觉得难过的地方就唉声叹气感慨道："当初在夏家日子过得多好啊，可惜你那丈夫也真让人心寒。现在你一个女人家带着这么多孩子，我们老了帮不上忙就算了，还得靠你揭锅……"

董竹君低头许久，她知道，母亲是操心她了。这样的苦日子她也不知道什么时候是个头，她一点办法也没有。她自然知道若回到夏家，这一切困难都迎刃而解，可是当年夏之时诬赖父亲偷鸦片，母亲遗失金簪子的事情历历在目。她虽然穷，但尊严还是有的，她绝不会为了钱再回去受那份罪。

那天，董母反常地同董竹君说了许多陈年旧事。讲她怎么从苏州到上海，怎么和董父结识，讲董竹君未满 3 个月的弟弟是怎么死的，讲他们没钱借了高利贷人家是怎么三天两头到家里催债的，讲到董竹君去堂子卖唱的时候，她忍不住哽咽着同董竹君说道："这是我心头永远的刺，但凡当初不是穷得没办法，绝不让十几岁的你去那样的地方。"

母亲越说越悲愤，董竹君就这样安静地听着，她不知道该怎么接母亲的话。打她懂事起，贫穷就一直围绕着她，并不是她不努力，而是这世道穷人怎么努力都不会有出路的。一边是帝国主义侵略者，以及清政府腐朽势力，另一边又是封建思想的毒害。她无数次迷茫，无数次对月长叹，难道穷人就该被欺负吗？难道穷人永远没有机会出头吗？这不公平！

董母的话让董竹君不禁难过起来，此后每一次董母念叨时，董竹君也只是沉默。

一天傍晚，董竹君从外面办完事回家，见母亲站在对面马路的水果摊边，嘴里还念叨着什么。她抬起右脚正要上前，转念一想，这世上像母亲一样可怜的人多了去了，母亲现在不定是又在念叨哪些难过的往事呢。想到这里董竹君收回右脚，没有上前招呼她，转身回了甘村。

另一头的母亲虽年纪大了，眼神不好使，可自家孩子的一举一动她都看得异常地清楚。董母就这样站在路上看着女儿越走越远，路上突然刮起了风，也许是风沙吹进了眼睛，董母那张如老树皮般褶皱的脸上竟布满泪水。

她转身回了贫民窟，同老伴吃了晚饭，收好碗筷，洗了澡过后，自己到屋里拿了凳子到院子里坐下。董父看时间不早了便同她说道："孩子妈，9 点了，该回去歇着了。"

董母抬头看了眼天，双眼迷离，嘴里喃喃地说着：是不早了。

她有些疲惫地让董父先回屋，自己再待一会儿。

当晚午夜时分，董父急匆匆地奔到董竹君房门，哭个不停，嘴里大口大口地喘着粗气，半天说不上话来。

董竹君看着着急，害怕父亲突然犯病，赶紧倒了杯热水给他。董父没接过水，调整了呼吸之后从嘴里硬生生挤出："你娘快要断气了！”

董竹君终于端不住手里的水杯，一下子掉在地上，水洒了一地。她来不及思考，拉着父亲急忙往贫民窟跑去。路上，董父边跑边同董竹君解释道："前天你表兄张宝记去世，你娘在灵后哭得厉害，她是借着孝堂哭自己，怎么劝也劝不住，你那天有事先走了不知道。昨天下午她去看你，气色看起来还挺好的，这现在人说没就没了啊！"

董父这一路从来没停止哭泣，说话的时候也是一抽一抽的，董竹君心里很怕父亲承受不过来，这一哭，一口气堵在胸口上不来。心里着急着要见到母亲，但也担心父亲，只好边跑边帮父亲拍拍后背顺气。

董父继续说道："9点还和我说话来着，11点的时候叫她进来睡觉不见应声，出去看人只剩一点热气了。昨天她和我商量着想吃马路边上的水果，我怕没钱吃饭，竟都没答应啊，我应该答应她的啊！"

董竹君想起傍晚，母亲也是站在马路的水果摊边上，她明明可以上去招呼母亲的，为什么不去呢？她不曾想到，就因为自己一个转身，错过了生她养她的母亲！

赶到董母身边的时候，院子的邻居都到了，医生把了脉，摇了摇头，走了。

董竹君这时只觉得脚底一软，力气瞬间被抽空。她就这样看着已经冰冷的母亲，眼眶不断涌出的泪水灼伤了双目，眼前的一切都变得模糊，周围仿佛瞬间变得安静起来，她的大脑不断浮现着母亲生前的音容笑貌，最后定格在昨天傍晚，那副像骷髅般的骨架子，她可怜的母亲至死都没能过上一天好日子！

张景卿及时地拍了拍她的肩膀，把她从愧疚中带出来。张景卿刚从法国回国，到上海听说董家出了事便赶紧赶过来，此时已经 1 点多。她提醒董竹君，按习俗人死在外面不能抬进屋子，当务之急是赶紧凑钱把丧事办了。

董竹君听后才猛然惊醒，顾不上悲伤，赶紧跑出马路叫了辆黄包车四处借钱。董竹君邻居们照顾平日家庭开销后，兜里就都不剩钱了。那些经常往来的革命朋友个个亡命天涯，能养活自己不被饿死就不错了。

东奔西跑大半夜后，终于在东来顺五金行的跑街严培馨先生的帮助下借来 200 百多元。

接近黎明时董竹君才回到霞飞路贫民窟，当天中午便举办了葬礼。董母死的时候 65 岁，葬礼时董竹君趴在棺材上泣不成声。

母亲葬礼后，董竹君又欠下一大笔债务。张景卿见董竹君生活如此艰难，便提出暂时让三女儿国瑛到北平，她帮忙抚养着。虽不舍得孩子离开自己，但以董竹君现在的经济状况，养 4 个孩子实在艰难，于是答应了张景卿。

这时候，"翻戏党"张云卿慷慨地借给董竹君一张 200 亩绍兴沙田地契，董竹君用这地契向一位叫郑素因的女医师抵押 300 元，用这 300 元付清了董母办丧事的费用。不仅如此，张云卿还出手帮助董竹君的 3 个女儿付了一个学期的学费。这时候如果没有张云卿，董竹君的那 3 个女儿可能就要辍学了。

郑素因在当时可算是董竹君的友人，但因为董竹君抵押的地契到期了却一个子都付不出，郑素因便叫了人到董竹君住处指着她鼻子逼她还钱，还不起就骂。这件事给董竹君影响很大，她再一次深深地体会到贫穷的疾苦。

董母去世后，董父抑郁寡欢，忧虑成疾，生病是常有的事情，董竹君想尽一切办法给父亲治病，却也于事无补。在董竹君扶着父亲到电车站候车的时候，董父曾意味深长地对董竹君说道："我要是能再活5年就够了。"

董竹君听后只觉得心如刀绞，双亲一直勤勤恳恳，任劳任怨，凭什么要遭这样的罪啊！5年，这是父亲的最后一个请求，可董竹君知道，她没有钱，怕是连这5年都满足不了父亲了！

一天夜里，董竹君房里的窗口敞开着，月光趁此闯了进来。董竹君早早地熄了灯，躺在床上，辗转反侧，怎么也睡不着。她索性下床穿上鞋，走到窗前，看着夜空中繁星点点，满目愁容。

群益遭炮轰以后，接二连三地发生不好的事情。先是被人误会成"拆白党"，后被捕入狱，直到现在巡捕房还没放弃对她的勒索，后来母亲去世，父亲病重，她欠债累累，现在又连女儿们的养育费都付不出了。董竹君只觉得前途茫然，看不见前方道路，又该怎么前行？

这时候，董竹君自然地想到了死。既然活着那么痛苦，不如一死了之！但是她又转念想到，她死了，党会怎么看她？那些瞧不起她的人会怎么样？是不是就代表她默认了那些不实的语言攻击？

　　她又想到她那几个可怜的孩子们，若她死了孩子们是不是会被夏之时带回四川？是不是要接受夏之时那一套三从四德的教育？她千辛万苦才和孩子们从火坑里逃出来，绝不能再回去了！

　　脑海里又回荡起夏之时那句手板心给她煎鱼的话，不可否认，是夏之时这句话对董竹君自杀念头起到了悬崖勒马的效果。她若真的死了，夏之时恐怕会笑掉大牙吧。

　　董竹君又想到，此时此刻父亲还重病卧床，她上有老下有小，有什么资格去死？死是在逃避现实，是懦夫的表现，她董竹君绝不是懦夫！

　　这是董竹君第一次产生死的念头，也是最后一次，经历这一次后，董竹君似乎变得更坚强了些，她不再轻易退缩，不再向困难低头。

　　1933 年秋季，因为董父的病情，董竹君的生活变得越来越艰苦。董竹君又一次从甘斯东路甘村搬迁到上海西区巨泼来斯路（现为安福路）美华里 20 号，这是个荒凉的地方。

　　那里的房子都是一底三楼的，董竹君搬到美华里后，为了节省开支，一家人住在三楼，其余的房子便又出租出去，做起了二房东，这样一来，董竹君每个月还多得了 17 块钱的补贴。

　　当时住在美华里的都是一些文化人，其中有革命家还有作家。董竹君就是在这条里弄认识了女作家白薇，两人志趣相投，还成了好朋友，白薇还曾夸国琼是董家的大功臣。

　　1934 年底，董父去世的前几天，董竹君家里来了一位叫李崇高的客人。李崇高自称是四川人，曾留学法国，回国后在四川领导土队伍。在四川得知夏家有位都督夫人带着孩子分文不要地离开了夏家，轰动了四川，对董竹君甚是钦佩。趁着这次在上海添买枪支的机会便顺便拜访董竹君，并称愿意在买枪支的费用中借给董竹君 2000 元，以解燃眉之急。

董竹君有些怀疑，怕再遇上张云卿这样的"翻戏党"。没想到这李崇高便立即表明自己不是坏人，肯借董竹君钱是因为欣赏董竹君那股女中豪杰的气概，希望她能在这乱世中有一番大作为。董竹君不敢贸然收下这 2000 元，这件事只好暂时缓着。

回家之后，董竹君把这事和父亲说了。董父长叹了一口气，没有说话。董竹君知道，父亲的病情一天比一天严重，以前只是偶尔咳一阵子，后来便是整夜整夜地咳。去世前的一个晚上，董父还是放心不下女儿，于是把她叫到床边，忍住咳嗽，虚弱地问道："上次你曾同我说有个姓李的四川人要资助你，钱拿到了吗？"问完之后又不停地咳。

董竹君能预感到，父亲就要不行了！为了让他安心，董竹君回答他："爹，钱拿到了，您放心吧。"

听到这个消息后，董父咧开嘴安心地笑了，脸上的皱纹顿时堆积在一起，像一道道沟壑。这是董母离开之后，董父仅有的笑容。

董竹君被这笑刺疼了双眼，作为女儿，她竟没能让双亲过上一天好日子。愧疚萦绕在董竹君心头上，她实在无法亲眼看着自己的父亲在自己眼前咽气，于是她狠下心，托付房主照看即将去世的父亲，随后跪在董父床头磕了 3 个响头便逃也似的从房子里跑出去。

清晨，万物苏醒的时候，董父永远地离开了董竹君，享年 68 岁。被告知的时候，董竹君悲伤得不能自已，几乎晕厥。

董竹君不禁回忆起：小时候，父亲多健康啊，经常拉车，挣了些小钱家里就有小菜和饭了，那是她吃过的最好吃的菜，可惜永远也吃不到了。还有母亲，再也不会有人在她的桌子上给她留 10 文、20 文的铜板了……

生老病死，这是每个人都要经历的。只有身为人母才明白养育之恩多么伟大！趁着父母还在身边，多陪陪他们吃一顿饭，说会儿话吧。

董父去世几天后，李崇高又找到董竹君，问她是否接受他的义助。这件事情，董竹君曾同进步人士、知识分子商量过，她又想起父亲临终前的一笑，于是答应了李崇高的资助。李崇高的这 2000 块便是董竹君锦江传奇的开始！

拉开锦江传奇的序幕

奥斯特洛夫斯基曾说过这样一句话："生命的洪水奔流，不遇见岛屿和暗礁，难以激起美丽的浪花"。人亦是如此，不经历破晓，又怎能见黎明？在这里，董竹君将激起千层浪，绽放属于她的光芒。

董竹君被生活逼得走投无路的时候，是李崇高的2000块给了董竹君一线生机，这2000元，就是董竹君的救命稻草！她把钱捧在手心，没日没夜皱着眉头深思着。她非常清楚，这次机会难得，她必须一击命中，只许成功不许失败。可是，上海餐饮业种类繁多，她如何才能在大上海闯出一片天地？如今广东菜、福建菜在这上海算是较受欢迎的菜式，相比之下四川菜算次之。

董竹君知道，四川菜历史悠久，花色品种繁多，却也各有风格。不管是大筵还是小吃，在烹饪方面也很讲究技术。但是在上海却得不到推广这让人费解。

想到此，董竹君决定用2000元来办四川菜馆，让四川菜打进上海市场，而后再扬名内外。向世界证明中国并非帝国侵略者所说的无文化国家，她要把餐馆当成文化事业经营下去！不仅仅为盈利与培养子女，还要资助革命！

　　方向定下来之后，董竹君决定将餐馆命名为锦江川菜馆。锦江不仅是一个名字那么简单，董竹君取名锦江的原因是因为四川锦江旁流传的一段故事。四川成都东门外有座望江楼，那是故事中的主人公唐朝女校书薛涛栖身的地方。

　　故事里面望的江便是当今的锦江。薛涛与董竹君可谓是同病相怜，两人都有一段沦落青楼的往事，与薛涛不同的是，董竹君只卖艺，不卖身。锦江，是她对薛涛悲惨凄苦命运的同情，同时也蕴含着希望川菜也能和四川绸缎一样著名。董竹君还亲自给店面做了"店徽"，形状是疏落的蓝色竹叶花纹，显得尤为清新淡雅。

　　接下来，董竹君开始动身找餐室。李崇高只给了董竹君2000元，这2000元只能在上海开一个较小的餐室。即便如此，董竹君对餐室店房方位也丝毫不马虎。她就打算用这2000元租一个黄金地段，一个位于市中心，却又幽静的地方，租金还要便宜。

　　最后，董竹君在法租界旁边的华格臬路（现为宁海西路）一家名为"西蜀"的川菜馆旁边租下一间三楼三个亭子带晒台的店铺。

　　这家"西蜀餐馆"在华格臬路开了一段时间，生意冷冷清清。董竹君的朋友们对董竹君把餐馆开在"西蜀"旁的做法极为反对，他们认为，"西蜀"经营了这么久，生意一直做不上来，这地块绝对不能算是个风水宝地，搞不好要被带着一块儿倒霉。董竹君胸有成竹地回答他们："山人自有妙计！"

地方选好之后，董竹君便开始装修设计。董竹君想起，上海最火爆的广东菜、福建菜这些餐馆的菜式自然是没问题了，只是这环境实在不怎么样。处处充斥着吵闹喧哗的气氛，就像街边的小吃摊一样，装潢就更不用说了，老套，充满着封建社会的庸俗。董竹君心里暗下决心：既然要做，那就做得不一样！

为此，董竹君在装潢上也煞费苦心。在董竹君的潜意识里，她认为，不论是家居还是企业，都应该在五脏俱全的基础上讲究美观、整洁。锦江的装潢董竹君便是落实了这个想法。她在继承祖国传统文化的基础上结合了西方的元素。不仅为了好看，董竹君这种中西结合、推陈出新的装修能影响到来餐馆吃饭的客人，并且在一定程度上启发他们。

一楼主要作为店堂，二、三楼大部分做雅室，三楼的亭子呢，就作为会计办公室。为了不让炒菜时的油烟熏到客人，董竹君把屋顶晒台作为厨房。工作人员呢，董竹君又在四川人刘青云、刘双泉的帮助下，找到掌锅师、刀手、点心师、笼锅师共9人。李崇高又介绍了刘伯吾，温子研分别担任账房先生、采购员。

1935年3月15日，董竹君又再一次站在家门口，点燃那火红的鞭炮，大声自信地说："一切都已准备就绪，'锦江小餐'正式开业！"人群中一片欢呼声，孩子们站在董竹君面前，就像过年般兴奋。

这家店镶嵌着光亮黑色瓷砖以及高雅的白色霓虹灯招牌，

成功地吸引了经过华格臬路的老百姓们。抱着好奇心，他们都纷纷地走进这家店里。

很快，店里挤满了客人，排队的人还站到了马路旁，这样的情况一直延续着，从此华格臬路便流传着"自打锦江开业以来，日日满座"的美言，就连当时在上海有头有脸的杜月笙、黄金荣、张啸林来了都要在门口排队。

后来，华格臬路一带的房价涨起来了，董竹君的房产主又在对面的空地建起了房屋。也许是受锦江生意的影响，这一块突然就火热起来，商人们纷纷在锦江对面租起房屋，办起餐馆。这些新起的餐馆主要是为了竞争因为满座而退出的锦江餐馆客人。

杜月笙是店里的常客，几乎每日都到锦江用餐。因为锦江时常满客，所以杜月笙也不得不同其他客人一起排队。有一天，他发怒了，这生意这样好店面却这样小。他把招待员叫过去，对他说道："你去告诉老板娘，如果需要扩充，我愿意让孙梅堂（房主）帮忙！"店员将原话同董竹君复述了一遍，董竹君听到这个消息时，心里是纠结的。

杜月笙当时在上海可以说是一方霸主，为人做事绝对算不上正派。可是，她毕竟是一介女子，没有背景，没有靠山，这一路走到现在实在不容易，自己日后也是要同这些人打交道的。

况且，杜月笙此次的目的是为了方便自己，与她而言，也是一桩好事。想到这里，董竹君便接受了杜月笙的帮助。孙梅堂在这件事情上可是绝不乐意的，帮助董竹君扩张就意味着他要腾出原本高价出租的空屋子。董竹君是打着杜月笙的名号给他下指示的，孙梅堂误认为董竹君也是帮会（以杜月笙为首的一个组织）的人，碍于杜月笙的面子，他敢怒不敢言。

董竹君对里弄对面的房屋垂涎已久，但又想到，这对屋与原本的餐馆是分开的，样子着实不好看，要是能把两间房屋连接起来，倒也别致。若想把两间屋子连接起来就必须搭建天桥，可这天桥在当时是违章建筑。董竹君并没放弃，先把房子租了下来，赶紧动工修建天桥，给杜月笙来了个先斩后奏。建好的天桥果然遭到了工部局封杀，这时候，董竹君便开始按照计划厚着脸皮给杜月笙打电话。杜月笙听后，非常和蔼地同董竹君说他会想办法，叫她不要担心。

在杜月笙的帮助下，法工局即刻便召开临时董事会商议此事。不久后，董竹君得到了法工局颁发的临时特许营业执照。除永安公司的天桥外，董竹君的天桥可谓是一个例外。这个例外在当时的上海可是引起不少关注。

董竹君的餐馆比原来扩大了几倍，容纳人数由原来的不到百人增加到三百人，餐馆正式改名"锦江川菜馆"。

为表示感谢，董竹君赠送了两桌酒席给杜月笙。社会上开始对董竹君这号人物议论纷纷，他们都认为董竹君是有靠山有背景的人，不敢再轻视董竹君反而以接近她为荣，这也是当时大部分上海人的特征，当然，还有些人在背后嚼董竹君的舌根，说她是交际花之类的。

面对这些，董竹君从来笑而不语，第一，她无背景无靠山，做到现在全凭自己的本事。第二，她与杜月笙是店主与顾客之间的关系。她自知行得正坐得端，随他们说去。

要说锦江为何如此受欢迎？接下来便有必要详细地介绍一下锦江的装修设计。从 1935 年董竹君在锦江川菜馆门前的合影中可以大致看出，锦江给人的第一印象是当时较为前卫的餐馆，除了装修，门前两个大大的字母 KingKong 也极吸人眼球。

进入餐馆，门口金色的丝绒门帘更显得高雅。屋顶正中央吊挂一盏蓝花水晶大灯，真是别有情调极了。在侧旁有一层 2 尺高的隔墙，隔墙前面摆放一些仿古的物品，显得极为优雅。从底楼通往楼上的扶手采用的是朱红色喷漆，楼梯是红色的地毯，随处可见的中国红便添了几分韵味。楼梯口处的墙上挂有一幅西洋的油画。光是厅堂的这些精致的设计便可让来者心旷神怡，赏心悦目。能在这样的环境下吃饭必定是一种享受。

开业之前，董竹君将自己的店徽印在碗碟上拿给一些朋友看的时候，他们嘲笑她："质量倒是不错，只可惜有锦江二字印在上面，否则 3 个月后拿回家用倒也不违和"。意思是说董竹君 3 个月倒闭后还可以资源回收这些碗筷。如今想来，这业绩当真是给那友人一记响亮的耳光。

董竹君并没有因为眼前骄傲的成绩便安于现状，她开始致力于菜肴改革。她希望锦江的川菜不只适合四川人，更适合大众。

董竹君曾在回忆录中记录道："当时改革的第一道菜是在一大碗雪白的燕窝当中放入一粒蜜饯的大红樱桃。在香酥全鸭的盘边周围，镶上有色蔬菜。有些名贵菜，还镶拼些蔬菜制成的花鸟之类的样式……"另外，锦江还提供上门服务。意思便是：酒菜可以送上门，也可以现烧，保持刚出锅的口感。菜式改革非常成功，香酥鸡、纸包鸡、干烧冬笋等都是这次改革的成果，获得行业内外人士的一致好评。

董竹君是一个很专一的人，对于实业她的态度向来是：要么不做，要做就要做好！自从开办锦江餐馆之后，董竹君也开始爱上了烹饪。1936 年，董竹君在《健康杂志》上登载了一篇文章，名叫《烹饪术概要》。

董竹君对员工的要求也非常严格。在餐馆工作时绝不能吸烟、赌博，团队之间要团结互助，此外，每个工作人员都要具有善良的品德。工作结束后她可以同员工们说说笑笑，但是工作期间，员工绝不可以瞎聊，餐馆只能听见脚步和碗筷的声音。点菜时要知道察言观色，坚决不能同客人起冲突。董竹君每日都会到店里监督，有时还亲自动手，给店员做典范。

工作时的董竹君虽然严厉，但仍不改初衷，自她懂事以来就一直盼望着穷人能富有起来，但一直无能为力，这次锦江餐馆办起来了，她便有了实现的能力。民国的上海一般的老百姓是很难就业的，还有一些老百姓是就业了也会被老板压榨、克扣工资。

如此一来，员工们工资得不到保障，工作时也不能专心，效率便提不上来。董竹君以此为鉴，把餐馆员工工资提得比一般的餐馆员工高，工资必定按时发，除此之外，每隔 10 天还有小费。小费根据业绩分发，业绩好钱就多，业绩不好钱就少。另外，有一些家里困难的，董竹君也会给予帮助。

记得，餐馆里有一位做点心的李师傅，他妻子流产，董竹君知道后立刻同朋友一起陪着李师傅在病房门口等着他妻子醒过来，整整等了一夜。还有一位师傅得了眼疾，几近失明，董竹君与此人无亲无故，充其量也只是老板和员工的关系，这样的事情董竹君大可以拍拍屁股一走了之，可董竹君特地托人找了一位叫张锡祺的名医给她看病，后来这师傅才慢慢痊愈。这些事情董竹君都淡忘了，但锦江的许多老员工都放在了心里，牢牢地记住。

面对员工，董竹君是把他们当成了家人照顾。员工要是犯了错，就先劝说，若屡教不改就开除。锦江创业以来很少有员工被开除，而董竹君对员工们也做到，从不拖欠工资。就算锦江初办，资金周转不开的时候董竹君也千方百计地找朋友借钱发上工资。

董竹君认为，无论做什么事情都要遵守最基本的诚信，也是因为这样，按时发工资的好习惯一直从 1935 年坚持到 1951 年，前后一共 16 年。

因为餐馆办得出色，当时法租界工部局给董竹君颁发了一张 A 字执照。A 字执照，是法租界工部局向西桥保证卫生的凭证。法租界对该执照的颁发尤为谨慎，当时的上海只有"杏花楼"与"新雅"两家餐馆执有，锦江是第三家。对于 A 执照的颁发，董竹君并不觉得光荣。她认为，自己是中国人，帝国主义颁发的 A 执照又算什么？实在是侮辱！

天将降大任于斯人也，必先苦其心志，劳其筋骨，饿其体肤。董竹君的成功也是有代价的。董竹君白天打理餐馆，晚上回去要照顾孩子们。忙得吃不上饭是常有的事情，日积月累，董竹君患上了严重的胃溃疡。因为这病，董竹君又从原来的住处搬迁到霞飞路（现为淮海路）。

曾在一位俄国老太太家中临时修养，后来病情越来越严重时听从朋友的劝告，前往日本医治，1月过去，情况迟迟不见好转，董竹君又心系餐馆，便回了上海。回上海调养期间，董竹君进食时细嚼慢咽，一切辛酸辣，甚至刺激的食品董竹君都不再碰，坚持服药调养一年才慢慢好了起来。

锦江开业半年后，董竹君把欠郑素因的钱全部还上了。当年郑素因逼她还钱的方式那样过分，如今董竹君却一点也不生气，还愿意资助她出国留学。董竹君不怪她，因为她知道郑素因也是这时代的可怜人，她也是被生活逼迫的。即使经历了这么多事情，董竹君仍然保持着那可贵的大度。

到这里，董竹君开始与锦江有着千丝万缕的联系，即使时光逝去，这联系也是斩不断的。锦江传奇开得可算是一个好彩头！

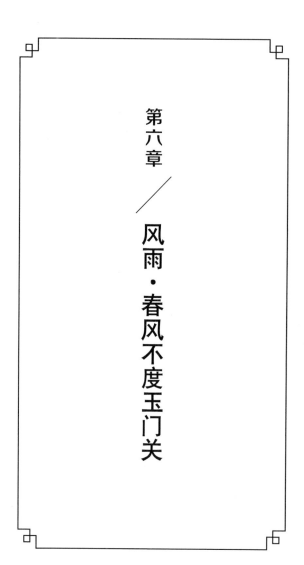

第六章

风雨·春风不度玉门关

用梦想震惊世界

　　这世间，有人活着如同行尸走肉，有人扬帆起航，活出自我，有人虚度光阴，有人分秒必争。有人以梦想为信仰，坚持不懈地努力；有人以梦想为借口，堕落在寻梦的路上。现在的董竹君，已经学会用梦想反击曾经的苦难。

　　抗日之前的中国共产党革命条件非常艰苦，他们没有根据点，还被巡捕房肆意抓捕。这画面与董竹君初遇夏之时非常相似，不过是主角换了罢了。为了掩护共产党革命事业，董竹君打算开办一个茶室，做好她的地下活动。

　　董竹君是一个行动能力非常强的女人，有了想法之后，她立刻在法国公园（现为复兴公园）附近的华龙路（现为雁荡路）租下了一间房屋。而后，董竹君又请到杨虎的太太田淑君投资。

　　说起董竹君与田淑君的渊源，其源头来自杨虎。与夏之时离婚后，董竹君才开办了锦江川菜馆，杨虎与夏之时是革命友人，自然也知道董夏两人的事情。刚同夏之时离婚便干出这么轰动的事业，着实吸引了杨虎，于是他便借着吃饭的名义到餐馆里拜访了董竹君。

而董竹君对杨虎印象并不好。1927 年"四·一二"大屠杀时，杨虎担任警备司令，与陈群在上海大肆地捕杀进步人士、共产党人。听说杨虎要见自己，董竹君第一反应是拒绝。可是她理智地想了想，杨虎等国民党人如今势力强大，而自己又在别人的地盘上做生意，日后总避免不了来往，若拒绝他反而对餐馆不好。

最终，董竹君还是下楼去会见了杨虎。当时杨虎还带了姨太太，见了董竹君便寒暄了几句，其中不免讨好地说道："你这样有才华的女子与亮工（夏之时）离了婚是亮工没福气。"

除了田淑君是正室外，杨虎有 5 个姨太太，其中，最受宠的一个叫小老虎。那晚，小老虎对董竹君可谓是殷勤至极。

后来董竹君才知道，这小老虎虽得宠，但门前冷落，而正室田淑君可谓是坐上满堂。但凡杨虎带来的亲戚好友，小老虎总要极力拉拢，想在势力上与田淑君一比高下。不料，才过两三天，田淑君便派了车到董竹君家门口请董竹君到公馆吃饭，此后，小老虎再也没搭理董竹君。

田淑君当时的身份是国民党特务机构"中统"成员，她的不良作风倒是很多，如赌博、吸鸦片。锦江开张的次年，田淑君非常敬慕董竹君，与董竹君也非常谈得来。后听从董竹君的建议戒了鸦片，致力于抗日救国的政治事业。为争取政治资本，她办"中国妇女互助会"，担任过上海的参议员，其中离不开董竹君的指导。她死前唯一的遗憾是因为参加过中统而愧对共产党。

1936 年时，田淑君还曾介绍董竹君到当时上流社会中赫赫有名的181俱乐部小赌。出于好奇，董竹君便照着地址前往。到181的赌客大多是上流社会的富贵人家，大赌场没有人介绍是不能进入的。

进入会场之后，董竹君唯一的感受便是奢侈！会场里的招待员穿着不比外面那些官太太逊色，有的手上甚至还戴着8克拉的钻戒。燕窝汤、人参汤在那里可以随便吃喝，穿羊毛衫的人随处可见。董竹君并不喜欢赌博，此次前去只是为了了解181是个什么性质的场所，有什么内幕，弄明白了，董竹君便全身而退了。由此可知，田淑君那时的生活状态也是如此奢靡。

董竹君说服田淑君投资时，她便是这样一个腐败太太的样子。出于对董竹君的敬慕，田淑君同意投资给董竹君1000元。董竹君便又买了40多张台桌，招了60多人，这样一来，客容量200多人的茶室计划是稳妥了。

1936年1月28日，正巧是董竹君生日这一天，锦江川菜馆的分店锦江茶室开张了！董竹君曾在日本读过东京御茶之水女子高等师范学校，对这方面算是有研究的，于是锦江茶室办起来时，格调品位全然不同于国内茶室。

两家店虽都是董竹君一人创办，但在店面布局和装修上却各具风格。环境也是全上海公认的优雅整洁，极有意境。客容量每天达到900人左右。锦江自从开张以来便实现了董竹君闻名中外的愿望。

世界著名喜剧演员兼导演卓别林到上海时曾在锦江点过一道香酥鸭子，此后念念不忘，到了上海必定会前往锦江。

1955 年在日内瓦与中国人员会面时还特意提到此事。不仅如此，美国大使馆商务参赞亦是如此。

为了革命工作和改进营业，董竹君与一些座上客交朋友，每月朋友过生日时便在她的餐馆聚餐。董竹君 1937 年生日的时候，曾收到朗静山特制的竹叶，还有易君左自作的一首诗，诗的内容是："新春第一报平安，要更乾坤改旧观。随意摄来三二笔，梅花共寿拥清寒。"董竹君将诗挂在客厅留念。

从青楼逃出到如今，歧视女性的不良风气依然存在。这样的环境下，女性很难找到工作，即使有工作也不会得到尊重。为纠正这样的社会风气，改变妇女在社会中的地位，董竹君在报纸上公开招聘女员工。

招聘广告发布出去后，引起上海不少社会人士的关注，应聘的人也很多。有一些女子的双亲担心自家女儿受骗，便亲自上餐馆拜访董竹君。为此，董竹君并没有责怪他们，反而耐心地同他们讲解。董竹君特别能理解为人父母心中所想。在上海女员工受骗的事情层出不穷，这些女员工刚开始应聘时老板们只说好做普通的招待员，做的是正经工作，可入职之后便利用女员工的女色招揽客人。

员工招入之后，董竹君手把手地教导她们，希望她们可以多赚些小费，以补贴家用。上海各茶室利用女员工色相与黄色歌曲招揽生意的时候，锦江茶室却作风正派，员工态度端正，在当时社会舆论上获得一致好评。虽业绩不如人家，但董竹君并不难过，相反，她是开心的，不久后女员工中还有些人出了师，独自开办餐馆了。这是董竹君为女权跨出的一大步！

锦江可谓是餐饮界的一匹黑马，一时之间香港、台湾以及国外巴黎、洛杉矶竟出现了许多仿冒的锦江餐馆。美国大使馆商务参赞曾给董竹君写信，邀请她到纽约设立分店，无奈董竹君心系革命事业，所以便婉拒了。

董竹君的名气一下子大起来，各界社会人士对她都非常信任。1937年春夏间，杜月笙投资几十万在上海创办大型娱乐场，这个娱乐场最重点的项目便是冷热气装置设备，这在当时是非常稀罕的事情，杜月笙的目标是把它建成远东第一流综合性娱乐场所。他第一时间便想到将项目交给董竹君负责。

董竹君想着，杜月笙在上海也是有头有脸的人物，与这样的人打交道对她的地下工作是非常有好处的，于是董竹君便答应了杜月笙的邀请。后由于"七·七事变"此计划落空。试想若杜月笙计划下的这个综合场所真的完工，这在历史上绝对算得上一项重大的工程建筑。

当时，南京路上一家叫新雅的粤菜餐馆本来生意红火，势头足以压倒上海许多著名餐馆，但锦江开业之后生意便日趋向下。新雅的股东们对它不再倾注希望，打算将10万资本的餐馆以1万元的低价出售，并且只愿意出售给锦江。新雅的老板是蔡建卿，董竹君是白手起家，独自创业，深知创业艰辛，非常同情蔡建卿的遭遇。于是，董竹君决定出手帮助蔡建卿，她让新雅派人到锦江学习经营之道，再将锦江学到的方法用于新雅。历经两个月，新雅毫无起色，最终还是以1万元的低价卖给了董竹君。

　　锦江的生意是日渐红火，董竹君的生活也不像从前那般艰苦了。但是，董竹君仍不忘初心。自她懂事起，她便痛恨帝国主义，痛恨封建主义，父母的遭遇是她一辈子都无法抹去的梦魇。

　　典当，借钱遭白眼，妓院老鸨的嘴脸还历历在目。是贫穷成就了现在的她，谁也想不到，当时净身出户的四川都督太太如今脱离夏之时也有这般的成就。经历了这么多的事情，她对祖国复兴仍然充满希望，当年郑德音介绍她在弄堂认识的那位高瘦的李先生一句："不如经商，这样也可以从资金上资助革命。"她一直铭记着，并且日复一日地坚持着。

　　不论怎么说，董竹君终归是一个女子，没有丈夫，双亲也相继去世，家里4个孩子全由她照顾，这样的情况下，董竹君家庭事业很难两全了。她回忆起创业初期时，说得最多的是对孩子们的亏欠。有一次，孩子们都买好了电影票，纷纷到餐馆办公室等董竹君下班，而后一起去看电影。等了许久，董竹君却因为餐馆初办，事务繁忙而让孩子们自己去看。那日孩子们含泪离去的身影一直深深地印在董竹君脑海中，挥之不去。

　　说起董竹君与杜月笙，外人总觉得两人关系不一般。殊不知，二人其实只是生意场上的关系，但不可否认的是，杜月笙的确给予了董竹君许多帮助。

　　在这样的时代下，董竹君像是一枝出淤泥而不染的清荷。杜月笙与杨虎邀她一同看戏时，董竹君一向婉拒。杨虎也邀请董竹君加入国民党，而董竹君自然是果断地拒绝了。因为她始终认为，道不同，不相为谋。相反，董竹君还将杨虎的夫人田淑君解救出来，让她站在了抗日救国的战线当中。

谁说女子不如男

自古英雄豪杰纵横四海，不乏女子无才便是德之说法。杨贵妃、貂蝉总逃不开红颜薄命的魔咒。当年一句"唧唧复唧唧，木兰当户织"中的花木兰为多少女子平了反，改变了女子不如男的错误观点。隔了数千年，这样的奇女子仍然存在！董竹君，便是这样的女子！

身为锦江的创始人，董竹君不仅满腹才华，在人事管理上也非常有办法。锦江自开业第一天便制定了店规，客流量虽好，但店内员工见董竹君是个女子，也不太把董竹君放在眼里。

开业一个星期，主厨便带着一班厨师违反店规，贪污浪费，董竹君再三劝告也无济于事。这件事情处理起来着实伤脑筋，她想着：开除吧，这些员工便失了业，而且餐馆也刚办起来，厨师可是餐馆的核心呀。可是，如果不开除的话，这些员工就像白蚁，势必会影响整个锦江的风气。

思考了很久，董竹君最后还是决定不能因小失大，第二天便开了一班贪污的厨师。店内员工议论纷纷，说董竹君到底是女人，做事这样没分寸，开了厨师没人给做菜，这店还怎么营业？

没想到第二天，另一班面生的厨师上班了，厨艺还比上一批好了很多。这时候员工们才开始恍然大悟，锦江的薪资比寻常餐馆的薪资要高许多，自然少不了应征的厨师，这样一来，反倒是那班贪污的厨师不识趣儿了。一直到后来的扩充，锦江聚集了许多上海的名厨，而且不守店规的事情也很少发生了。

不仅对待员工有一套，董竹君在对待客人的时候也是非常有办法的。

民国本就是个混乱的年代，仗着有点权势狐假虎威、惹是生非的事情是常有的。曾经有位顾客饭后一定要用局票叫堂差和拉胡琴，这在锦江是违规的。董竹君再三解释，客人非但不听，还得寸进尺。

董竹君便想，锦江虽然刚刚创办，但若由他们这样长期欺负下去，餐馆可能也开不久了，于是董竹君变了态度。既然婉言劝说不起效那就鱼死网破好了，大不了明天停业！当那顾客再开口找碴儿的时候，董竹君便严词呵斥。

客人怒了，说要老板讲规矩的时候，董竹君霸气地丢下一句："我的话就是规矩！"那些流氓不服气，嚷嚷着要找杜月笙讨"公道"去。结果等了很久，餐馆却一点事情也没有，那些闹事的顾客仍然会到锦江吃饭。

董竹君是一个说一不二的人，既然店里制定了规章制度，那么，只要踏进锦江一步，就必须遵守她的规矩。好心劝告不听，董竹君也不会再给他们好脸色。

她从办公室走到客堂，将闹事之人狠狠地痛斥一顿。在她走下楼梯的第一步她就做好餐馆关门的打算。楼上的杨虎听到动静后便急忙下楼同董竹君赔不是。自此之后，很少再有人敢到锦江找麻烦了。

1937 年 7 月 7 日，"卢沟桥事变"（又称"七七事变"）爆发，国共统一战线正式成立。董竹君虽不能上战场，但十分高兴看到全国统一抗日的局面，心想人民离当家做主的时候不远了。

当今局势正乱，董竹君在上海也有了一定的社会地位。这时候，总少不了有人要邀她一同参与政治事业，当时一位红人郑毓秀就曾找到董竹君。

郑毓秀身材魁梧，常穿着旗袍，说话的时候声音很大，动作举止都像个男人。董竹君一眼就能看出她是个很有才干、政治野心很强的女人。她曾是上海法政学院院长，也胜任过上海法院院长立法委员等，是南京政府的红人。只可惜，这才女的政治活动竟是危害祖国和老百姓的。

郑毓秀见到董竹君的第一句话便是："久仰了。"接下来便是同董竹君套近乎，说常到锦江吃饭，还同董竹君一样患有肠胃病。从对话中，董竹君只觉得郑毓秀绝非等闲之辈。这样的女子突然要见她，恐怕不只是为了同她讨论肠胃病。在后来的相处中，郑毓秀对董竹君越发热情。

董竹君碍于她的势力也不好拒绝，只好同对付杜月笙一样，虽相处，但绝口不提自己的政治想法。还故意向她表达出自己对政治不感兴趣的讯息。像郑毓秀这样心狠手辣的人，董竹君时刻担心着会遭暗害。

于是她表面与她友好往来，暗地里则设法让她远离自己。

同郑毓秀相处可真是伴君如伴虎！后来的日子，郑毓秀的确慢慢疏远了董竹君。董竹君心里的一块大石头也终于放下了。

1938 年，董竹君没来由地受到了污蔑。那是 4 月 7 日的一个下午，董竹君突然收到了刘湛恩夫人刘王立明的信件。当时，国民党五届四中全会刚通过《国民参政会组织条例》，参政会的第一届第一次会议便在汉口召开，参政人员大多数为国民党，其中也不乏共产党、农公民主党（也称第三党）、青年党以及无党爱国人士。刘王立明信件中的内容是邀请董竹君参与会议，并请董竹君担任职业学校的董事。

刘王立明是当时的进步女青年，是妇女界的进步代表，信件虽然来得突然，但出于对刘王立明身份的信任，董竹君发着高烧仍然坚持亲自回信同意了，并且说明自己有病在身无法参加会议，请刘王立明代为转达。谁知刘王立明收到回信之后竟以此反咬董竹君，诬赖她为日本人做事，还得意忘形地在会议上说自己早就料到会如此。

有人接过信件，纠正刘王立明说道："董先生信上明明说得很清楚，她是因病不来，你无凭无据怎可随意乱讲？"刘王立明当时不作声，会议结束后仍然到处造谣。会议结束后，董竹君的好友立刻赶过来告诉董竹君，指责刘王立明无中生有的可耻，为董竹君抱不平。

董竹君听后自然是生气的。她从小受帝国主义压迫，日本人炸了她的纱管厂，压榨祖国人民，炮弹到达之处无不伤亡，她怎么可能做卖国贼，帮助日本人呢？！刘王立明如此诬陷她，当下便让董竹君怒火冲天。各界与董竹君相识人士都为董竹君抱不平，就连郑毓秀也在菲律宾同上海跑马厅总经理谭雅声的夫人甘金钗义正词严地为董竹君证言："董竹君是有思想的女性，她只热衷于企业，对政治并不感兴趣，说她为日本人办事我是绝不相信的。"这是后来甘金钗特地跑到董竹君面前同她说的。

这件事情可谓是轰动一时，当时各地的朋友都纷纷写信安慰董竹君。董竹君当下只想尽快查明真相，她与刘王立明无冤无仇，她为何如此陷害她？直至后来董竹君在一位友人的劝说下才明白原因为何。

原来，刘湛恩校长经常夸赞董竹君聪明能干，是女性中的先驱者，刘王立明听自家丈夫夸赞别的女人，便起了妒忌之心，怀疑刘湛恩与董竹君的关系。董竹君听后只觉得可笑至极。她与刘湛恩素未谋面，刘王立明竟然因为丈夫的一句夸赞便对她做这样的事情，她真是比窦娥还冤枉！

董竹君毕竟是女子，又才貌双全，有仰慕者是必然的。与上述的"冤情"相比，接下来这个有头有脸的人可是对董竹君明确地表达了爱意。

此人叫张翼枢，是法租界的工部局董事兼法国哈瓦斯通讯社上海分社的负责人。据说此人非同小可，杜月笙见到他也要好好款待，蒋介石也同他打交道，上海市政府、蒋介石的外交部要同他打交道，送他机密费，这机密费据说是几万以上的现金。董竹君天桥之事便是杜月笙联系他得到工部局许可，A 字执照的颁发也是托他的福。

抗日战争打响后的某一天，董竹君通过店员收到张翼枢的纸片留言，留言大致意思是："杜月笙已经离开上海前往香港，董先生日后若有困难可以联系我。"看完内容，董竹君的内心是非常矛盾的。

一方面，此人来头颇大，上海又是个极其复杂的地方，日后不论是饭店还是她出了什么事若有他的帮助，事情必定迎刃而解。另一方面董竹君又想到，她与张翼枢无亲无故，他为何主动提出帮助自己？当时董竹君喜大于忧，便没想太多。

塞翁失马焉知非福，世间万物亦是如此。不久后，张翼枢派专人邀请董竹君一同进餐，地点在国际饭店。董竹君与张翼枢素未谋面，若张先生只想约她见面，势必不会约在国际饭店这样高端的地方。董竹君深知这是个鸿门宴，无奈她顾及锦江的发展不得不硬着头皮赴约。

到国际饭店时，董竹君惊讶地发现饭店除了张翼枢便无其他客人，由此看来，张翼枢是将整个饭店包了下来。董竹君故作随意地上前打招呼，但心里是非常惶恐的。张翼枢起身回应他的第一句话便是："你很漂亮"。从见到张翼枢的第一眼，董竹君就断定这绝对是个有智谋、有远虑的聪明人。

此外，董竹君还注意到，张翼枢看她的眼神不像看一个初次谋面的朋友，倒像是看一个故人。喝了几杯白兰地之后，张翼枢开始按捺不住，向董竹君说出藏在内心深处的想法。他说："我很爱你。"

看到董竹君惊讶的表情后，张翼枢立刻解释自己不是一时兴起。早在10年前杜月笙的家门口，他便见过董竹君，那时董竹君坐在黄包车上，虽然只是匆匆一瞥，却给张翼枢留下了深刻的印象。

只这一眼，让张翼枢久久不能忘怀，独自思念了10年，他对董竹君的家世、经历全部了如指掌，并被她的智慧与才干折服。此次同董竹君会面是希望她可以与他结合，经济方面不必担心，董竹君要多少都可以。临走时，张翼枢提出他会到香港一个星期，他希望一个星期后他回到上海可以听到董竹君的答案。

董竹君在会面之前想到了千千万万个不好的结果，却从未想过会是这样的。离开国际饭店后，董竹君抓紧时间打听张翼枢。

很快，董竹君便打听到这个张翼枢在法租界确实是个人物，并且妻儿成群。这一个星期董竹君一直反复思考着该如何是好，别人来了桃花运是开心不已，也许只有董竹君会这般烦恼了。

一个星期很快就到了，董竹君如约赴会。张翼枢一见面便送了董竹君一块手表，这手表董竹君在后来拿去当铺典当给国琼当作学费了。一见面张翼枢便胸有成竹地问董竹君考虑得如何，董竹君也并不慌张，先是跟他打了个马虎眼说能和张先生终成眷属自然是好事。

张翼枢听此话后嘴角的笑容再也绷不住了，可董竹君的后话却也让他的笑容再也挂不住。董竹君后来还提了一个她张翼枢不可能答应的条件，那条件是：张翼枢必须与妻子离婚。

张翼枢知道，他虽然喜欢董竹君，但绝不可能为董竹君做到抛家弃子。而董竹君也抓住了张翼枢这个弱点，这才敢大方来赴约。这样便不会让张翼枢知道自己不同他结婚不是因为感情而是条件问题。董竹君与他最后一次见面是在自家门口，那天，张翼枢双眼通红地送她回家，此后他们再也没见过面。

董竹君当然知道，如果依附上了张翼枢，她可能一辈子都不必为生活奔波，不必独自劳累。可若是答应了，她又怎么对得起自己的内心？

世道越乱，就越有人想要钻空子趁机赚些不义之财。亏得这时候，董竹君结识了一位律师，叫刘良。刘良是江苏苏北人，口才极好，为人正直。说起董竹君与刘良的相识，倒也是因为夏之时。他从夏之时儿媳的姐夫刘光美口中听到董竹君的遭遇，深表同情。刘良是特地到上海拜访董竹君的，初次见面也非常有礼貌地喊董竹君伯母。

一天，房东孙梅堂联合律师找到董竹君以客房迁居为借口想要敲诈董竹君。一些店面老板没辙，硬生生地给这些人敲去几万块钱。敲到董竹君这里时，董竹君便让刘良去对付。在上海，律师总免不了要同流氓打交道的，而刘良也从中学过几句流氓话。

那天，刘良只是叉着腰站在他们面前说了几句"道上"的话，收尾时又补了句："也不打听董先生是什么样的人还敢来自讨苦吃！"孙梅堂立即带着律师跑得没影儿了。董竹君在这一带可算是有头有脸的人物，孙梅堂这一出铁定是要吃亏的，只是一下子被钱冲昏了头脑才敢壮起胆子敲诈董竹君。

其实他们不知道，若真的发生什么，董竹君其实也就一介女子，没有什么背景靠山。可那世道的人就是这样，柿子专挑软的捏，若不想被欺负，就必须让自己强大起来。为了不受那些流氓的欺负，董竹君每回在餐馆巡视监督时都板着一张脸，让自己看起来凶一些。

1937年8月13日，上海的大世界十字路口中心指挥亭被国民党投了两颗炸弹，究竟是误投还是其他什么原因，无人得知。这第一颗炸弹下来，锦江只是房屋震动，没有遭到破坏。

可接下来，另一架飞机又从其他方向过来，掷下两颗黑球。当时董竹君带着国瑛和其他员工在厨房屋顶观看第一颗炸弹造成的惨状，两颗黑球越来越近时，董竹君立刻反应过来是炸弹！她急忙叫大家赶紧下楼，卧倒躲避。

说时迟那时快，董竹君知道来不及往下走便把国瑛护在身下双手扶住头卧倒在天台上。轰轰两声震天的炮响将董竹君的头震得眩晕。她站起来，什么声音也听不到，只见厨房弥漫在一片黑雾之中，碗碟碎了一地，四周的墙壁都坍塌破碎，这一切就像在做梦一般。耳朵渐渐地恢复了听觉，哭声、叫喊声瞬间充斥了董竹君的耳朵。检查确定了国瑛无恙之后，董竹君立刻跑到客堂召集员工，清点人数。

这时，外头到处都是被炮弹炸伤、炸残、炸死的无辜老百姓们，他们在那一具具躺着的尸体中寻找自己的家人，他们既渴望找到自家的家人，但又害怕找到，尤其是在这遍地尸骸的十字路口。断臂断腿的人拖着自己残缺的身体不停地向前爬，只希望远离这个悲剧的地方。

十字路口的亭子被炸得灰飞烟灭，不见踪影，站在亭子上指挥交通的警察也随着亭子消失在炮弹中。董竹君看着眼前的景象，眼泪止不住地夺眶而出。

此时她脑海里反复重复着这样的想法："这是她的国人，是她的同胞！而这些惨剧是帝国主义同国民党政府造成的！她将永生不能忘记今天这一幕！"这一天被历史记载为"八·一三事变"载入史册。

在性别上，她确实只是一个女子，可董竹君的革命热情、才华智慧绝不输给一个男子！"八·一三事变"把新雅饭店的收购搞黄了，锦江厨房炸毁了，可这并不能阻止董竹君前进的步伐，反而让董竹君更坚定了前行的道路！

点燃火红的生命

秋天的枫叶总异常地鲜红，像燃着的火把，又像翩翩的红蝴蝶。人人称为萧瑟的季节里，它在夜里起舞，在空中飞旋，似乎从不觉得寂寞、凄凉。董竹君就像枫叶，孤寂的秋在她眼里是丰收的麦田，她的红只是画龙点睛的一笔。

董竹君的生命里，只有孩子与国家，除此之外，她再没有什么可挂念的。锦江自开业以来就一直以红为主题，一个是锦江生意红火，另一个是革命事业红火！而董竹君的革命活动却是隐藏在日常生活中。

锦江开张营业后，董竹君开始尽自己微薄的力量帮助社会上的一些进步青年。1934年的时候，有一位叫杨慧琳的学生，年仅15岁。她遵照父亲的吩咐经常到董竹君家中。董竹君非常喜欢她，便时常留她在家中，给她讲革命道理，启发她独立自强，介绍她看进步书籍。

1935年夏季时，杨慧琳组织了进步青年进行抗日宣传，秋季又组织了上海救国联合会。在杨慧琳进行救国活动的期间，董竹君免费负责了参与运动的所有同学的饮食，给他们提供集会的场地。在后来1938年的时候，杨慧琳加入了中国共产党。

此后杨慧琳再遇到董竹君的时候亲口同她讲，今天的成就都得益于董竹君。

某一天，国琼音乐学校的一位同学突然拜访董竹君，原因是他想在内地学习和找工作，无奈没有路费，听闻董先生乐于助人，希望将小提琴向她抵押换个60元当路费。可毕竟没见过董竹君，不知是不是真如外界所传的一致，所以就一直在门外徘徊许久，直至那天才鼓起勇气敲了董竹君的门。

董竹君听后，赶紧将钱取了出来，把60元递给那位同学，并嘱咐他："小提琴还是带在身上吧，路上若再遇到困难一定会派上用场的。"

大女儿国琼也非常好地继承了母亲乐善好施的优良品质。有一次，国琼愁着脸找到董竹君，开口便同她讲道："妈妈，我今天中午在学校吃饭时听到邻桌一位同学因为家里没钱要放弃学业的消息，我想您一定愿意帮助他的，对吧？"

董竹君听后真切地为女儿感到高兴，同时她也不禁感叹着：在这社会中，渴求知识却没有金钱的人比比皆是。

董竹君不由得想到了小时候的自己，几文钱的学费也都是父母的血汗换来的，那时候的她多希望能有个好心人帮帮自己啊！事隔多年，这样的现象仍然存在，董竹君想都没想就答应国琼帮助她那位同学，可出于对那位同学自尊心的考虑，董竹君决定将钱放在一个空白信封里，让国琼偷偷地放在那位学生桌子上。

1935年秋天，董竹君结识了一个叫宋时轮的年轻人。那时，锦江刚开业不久，一个穿中式长衫的人低着头走进锦江餐馆找董竹君。服务员将他领到办公室以后，他看着四周无人便挺直了腰板抬起头恭敬地与董竹君打招呼，随后拿出一封介绍信。

董竹君拆开信才知道宋时轮又名张子光，广州暴动时被捕入狱，从狱中释放之后几经波折到达上海，同组织失去了联系，现被国民党紧盯着，身上又没有现金。

那封介绍信是李堂萼（郑德音介绍姓李的联系人便是）写的，董竹君看完信件内容后毫不犹豫地将抽屉里的现金拿出来交给宋时轮。宋时轮道了谢之后便离开上海参加游击队去了。二人再见面就是上海解放后，那时候董竹君才得知宋时轮还用她资助的这笔钱给游击队建立了根据点。

1937年春末时，女作家白薇不顾自己身患疾病仍坚持参加上海第一批妇孺赴绥慰问团，是董竹君将她从船上拉下来，阻止了她，否则白薇可能在途中丧命。后来，白薇的病情越来越严重，董竹君因为叹息白薇是个进步女青年，便同她的读者们一起筹钱送白薇前往北京治病。

可就是这样的董竹君，白薇的读者却极不喜欢她。那是后来的一件事情，白薇病在苏州，只能暂住在一位读者朋友家中。可这位朋友看见白薇便对她与董竹君的交情兴师问罪起来，大致的意思是她不该与董竹君这样的人交朋友。

白薇在后来的一次采访中提到过此事，她说："董竹君出淤泥而不染，是新时代的'娜拉'，我并不认为与董竹君交往有什么不可，相反，我觉得是幸运的。"内容大致如此。而董竹君始终不明白那位读者为何说白薇不该与她这样的人相交，她这样的人为何不值得深交？她与那位读者素未谋面，可她却对她的人品说三道四，这使董竹君觉得可笑至极。

1937 年 7 月 7 日，董竹君将经营锦江得来的资金资助抗日前线，凡是抗日号召的捐款活动董竹君统统都参加。

1937 年，董竹君因饭与郭沫若相识。那时，正处于抗日战争时期，郭沫若偷偷从日本回国，7 月 27 日到达上海，暂住在上海贝当路（今衡山路）。早在之前，董竹君读的第一本文艺书便是郭沫若翻译的《少年维特之烦恼》，如今听说郭沫若逃到上海便想去见识见识这位进步作家。

董竹君找到郭沫若时，郭沫若的门前到处都是特务盯梢，董竹君害怕他遭人陷害，回餐馆以后特地吩咐店里职员一日三餐都亲自送过去，连续送了一个半月，后来郭沫若还特地写了一首诗赠给董竹君，诗的内容是："患难一饭值千金，而今四海正陆沉。今有英雄起巾帼，'娜拉'行踪素所钦。"

不论时代怎么变迁，董竹君爱看书的好习惯一直保留着。抗日时期民众情绪正高，不少先进的刊物在这时都纷纷涌现，直至 1937 年 11 月 12 日，随着中国军队撤出上海，刊物似乎也随着军队消失了。书报摊上的书籍大多都是过期了的，这对于一个爱好书籍的人来说是极为痛苦的。这时候，董竹君开始联合《大公报》的记者蒋逸宵协商创办《上海妇女》半月刊杂志。

那个时代，要办杂志的前提是最少需要 7 名发起人才符合办杂志的要求。为此，董竹君又另外找了当时上海的进步人士，例如姜平、许广平、王季愚等（这些人在解放后都颇有成就）前后 12 人。1938 年 4 月 20 日，《上海妇女》正式出刊。

《上海妇女》出刊不久便起到很好的社会影响。所谓树大招风，《上海妇女》这棵"大树"也招来国民政府的关注。当时，南京汪精卫政府就明确表示过要收买《上海妇女》这份杂志，虽然杂志在这样恶劣的环境下很难生存，但董竹君坚决不答应出卖杂志。《上海妇女》在乱世中坚持出版了 18 个月的时间。1940 年的时候，杂志被迫停刊。几十年后，董竹君偶然遇见姜平，姜平便同董竹君讲到《上海妇女》已由当初一起创办的同志送往全国妇女联合会，后来又在某妇女运动资料史上看到一位名为戚逸影的同志这样讲述《上海妇女》停刊的原因："许广平被捕之后，《上海妇女》办不下去……"

董竹君扪心自问自己是这刊杂志的发起人，杂志创办需要的资金都是董竹君负责。18 个月 36 期从未停止供应资金，杂志送去全国妇女联合会的事情就算不同她商量也应该知会一声表示起码的尊重。还有戚同志的言语她实在想不通用意为何？对于这件事情董竹君虽心中有火，却也一笑而过，并没有真的找当事人追根问底。这便是董竹君，她的大度是任何人都无可匹敌的。

身为一个进步的爱国者，董竹君这样的进步人士对国家而言可比喻为"后盾"！抗战时期，锦江餐馆是上海非常有名的议政据点。他们以进餐为由，在包间里讨论国家大事。

面对这样的客人，董竹君总提供给他们特殊的包间（现代的 VIP 包间），饭价一般打折供给，若遇上没钱的，董竹君只让他们签个字挂账（一般是不用还的）便了事。郭沫若与董竹君是老乡，解放后因敬佩董竹君，又特地赠送董竹君一词，名为《沁园春》，而后董竹君将它挂在客堂大厅中留念。

解放后，张执一（全国人大代表，政协常委）曾在《革命史资料》《上海党史资料通讯》中两次提到董竹君，大致内容是说利用董竹君特殊的社会关系为革命作掩护。还在1945年的时候曾帮助他创办美化服装公司和中国文化投资公司。

后来，张执一离开了上海，转而将工作交给一位叫张登的同志，值得一说的是张登的爱人陈修良的老母亲。陈修良的母亲年事已高，并且双目失明，但仍然坚持掩护子女们的革命活动。出于敬佩，董竹君隔三岔五就买些鸡蛋去看望老人，想帮她改善改善伙食。董竹君认为，这位老人眼睛虽然看不见，但心灵却是无比透彻的。通过陈修良的母亲，董竹君仿佛看到了革命胜利指日可待！

从时代的危机中逃离

在某一个地方久居是因为那里能给予我们前所未有的安全感，就像故乡，多少游子离开后又感叹道："夕阳西下，断肠人在天涯。"可当我们在这个地方再也感觉不到安全感，我们会有意识地选择逃离。敌伪时期的上海，不少人选择逃离自己的国家，另寻乐土，这听起来如此荒谬，却也如此现实。

即使从不畏惧时代的董竹君也在这一刻被迫逃离。"八·一三"事变爆发后，杜月笙逃向香港。董竹君本以为杜月笙的离开会使上海的老百姓不再受杜月笙恶势力的欺诈，谁知，这时候杀出了个程咬金——潘三省！

潘三省是吃过洋墨水回国的，据说在北平时曾因为行为不正被北平市长袁良抓捕游街示众3天。3天后潘三省被释放，随后他便投靠日本人，做了汉奸。潘三省是上海十里洋场中的头号人物，被称为敌伪的"杜月笙"。

1940年冬季，董竹君打算前往菲律宾的期间，潘三省曾三番两次到锦江餐馆找董竹君，当时潘三省名头不大，还只是给日本人跑跑腿的小汉奸，走路时勾着腰，戴着圆形的眼镜，看人从来都是斜着眼睛的。董竹君实在不愿与卖国贼打交道，于是设法拒绝了潘三省。

　　潘三省一开始真的以为董竹君是生意太忙没空理他，便在桌子上留了名片，让招待员给董竹君将名片送去。董竹君从名片中得知潘三省追随的人叫冲野中佐，日本海军武官府的人，当时上海市长的后台也是他。

　　日子久了，潘三省终于按捺不住独自找上了董竹君。初次见面他便直截了当地拉拢董竹君为日本人卖命，在日本人的帮助下发财，董竹君只觉得大事不好，但无奈其身份地位特殊，董竹君只好假装答应潘三省，随后以物色厨师为由拖延合作时间。

　　两个星期后，潘三省又找到董竹君询问合作进度如何。董竹君还和往常一样马马虎虎地应付了事，这时候，潘三省却按捺不住了，他表面上对董竹君恭恭敬敬，暗地里却用尽各种方法威胁董竹君。

　　当时《上海妇女》杂志办得正火，他们便想方设法收买杂志，董竹君在这件事情上采取了绝不妥协的方法。可这样一来，董竹君便会惹怒日本人和汉奸走狗。他们认为董竹君不识好歹，给她向帝国主义靠拢的机会她嗤之以鼻，办事又这样不给他们面子。这时候，他们开始转变策略，既然明的谈不拢，那就来暗的！

　　敌伪控制的上海这时已经变成了老百姓的地狱。新闻里隔三岔五就会传出某条弄堂里发现了抛尸，某某人遭枪杀，某某人又遭遇投毒暗害等新闻。日本人在中国已经无法无天，所谓狗仗人势，那些汉奸也是日益猖狂，他们借着某太君的名字在城内吃喝嫖赌是常有的事情，必要的时候还会给日本人当枪使。只要有人不听日本人的话，下场绝好不到哪里，沪江大学校长刘湛恩就被人暗杀身亡。

一天晚上，董竹君因生病没去餐馆，在二楼的卧室里休息，家务都交给国瑛和保姆阿金照料。睡前董竹君还特地嘱咐她们将门关好后才放心去睡觉。就在这时，家里闯进一个高个子的神秘人，穿着一件风衣，领子立得高高的，戴着一顶洋帽子恰好遮住了大半张脸。

国瑛一直拦着不让他进，他以送钢笔为由将前房翻了个遍。董竹君听到动静心里大叫不好，她从未向任何人讨要过什么钢笔，这人十有八九是日本人派来的！脚步声越来越近了，董竹君想着此时若逃出去怕是有些不现实，于是，董竹君只好把被子蒙上，祈祷幸运之神降临！亏得这时候国瑛机敏地将那人强行推下楼，神情愤怒地对他喊道："你这人怎么这样没规矩，说了董先生不在家，送什么钢笔！"随后，"砰"的一声，门被重重地关上了，董竹君这才敢把头从被子里伸出。

国瑛急忙跑上楼，气都没喘匀便着急地同母亲说道："妈妈，那人说是送钢笔，分明就是一副行刺的样子，您赶紧离开上海吧，否则总有一天是要遭殃的！"说着说着便哭了起来。

董竹君不禁哀叹：上海沦陷，民不聊生，如今中国还有哪个地方能使她安身呢，明明是她的故土，如今却要被侵略者驱逐，天大地大，可唯有这片土地才是她的家啊！此后，董竹君一连几天都不敢出门，战战兢兢地在家里找退路。

同时，女儿国琼在菲律宾也遇上了麻烦。1937 年 1 月 24 日时，国琼在上海兰心大剧院钢琴演奏成功，即时参加了福建省主席陈仪组织的南阳侨胞慰问团到菲律宾募捐的抗日活动，为期 6 个月。

后来董竹君从老朋友桂华山的口中得知，国琼在菲律宾是因为举报团长作风不正无果，反被该团长污蔑成汉奸，并请求马尼拉当局将她驱逐出境。幸运的是，国琼住在莫领事家，莫太太出手帮助国琼，这才没有被逐出菲律宾。而国琼将抗日活动的工作完成之后便辞去慰问团的职务，在菲律宾音乐学院进修音乐，她没有资金，便利用闲暇时间外出任教，日子过得凄苦。出于对大女儿的关心以及躲避日本人刺杀等原因，董竹君打算前往菲律宾马尼拉居住几个月。

1940 年冬季，董竹君将所有事情交代妥当后便只身一人前往菲律宾。但她万万没想到这一去，便是 4 年！

董竹君到达菲律宾码头时看见码头栏杆上趴着一些衣着普通的中国人，他们趴在栏杆上看船只来来往往，眼里流露出回家的渴望。

董竹君无意中听到旁人说，这些乘客大多是做三等舱邮轮到菲律宾，来时已经花了很多钱托人办理好护照，如今仍然被困在码头只有两个原因：一是移民局与经纪人分赃不均；二是当地移民局还想从他们身上再挣一笔。遇到这样的情况，有钱倒是方便，倘若没钱便再被关个十天半个月，甚至还被虐待。

董竹君当时坐的是二等舱，所以没受到什么刁难，顺利地便踏上菲律宾的土地，可码头上遭受侮辱的同胞的遭遇在董竹君脑海里久久不能散去。她叹气，深深地感叹着说：到底是国弱才遭到这般欺辱！为此，董竹君对菲律宾的第一印象便不是很好。

董竹君晚上到达大女儿的住所，那是一间吊楼。据她的同学说，在她未到菲律宾之前，国琼一直都住在潮湿的汽车间，这吊楼是她听闻母亲要来不忍母亲同自己住在环境这么差的地方所以才租下的。

而后，那位同学又同董竹君讲起了国琼遭团长污蔑的事情，内容同桂华山讲的一样。从对话中董竹君还知道，菲律宾很多人都嫌贫爱富，国琼满腹才华，但在菲律宾却频频遭到白眼，原因是她生活困苦。

接下来的日子里，董竹君将吊楼退租，改在靠海培培尔饭店塔夫特马路租房，并让女儿将所有任职的工作都辞掉，让她专心在音乐学院深造。后来，为了方便女儿学习，董竹君又租了一栋公寓给她。自此以后，当地人对国琼的看法逐渐发生转变，国琼便受到了尊重。面对这样的转变，董竹君觉得真是又可喜又可悲。

大概是因为沪江大学校长刘湛恩的惨死使学校教育大不如前，1941 年春季，国琇放弃了沪江大学两年的学业转至菲律宾马尼拉投考菲律宾大学音乐系。

当时，在董竹君眼里，菲律宾就是个弱肉强食的国度。有钱人生活异常奢靡，就连死者的坟墓他们也会找建筑师精心制作一间小洋房式的坟墓。而活着的菲律宾穷人则有可能饿死在马路上也无人问津。"朱门酒肉臭，路有'饿死'骨。"是菲律宾当时最好的写照。

菲律宾的华侨多数为福建人，虽身处异国，但却心系祖国的未来，他们大多数人和董竹君一样希望国家能独立富强。

国琇到来的时候，马尼拉的华侨同胞正在为支持抗日前线发起募捐，募捐方式以举办音乐会筹款，大女儿国琼毫无疑问地受邀了。演出结束后，国琼回到家中立刻告诉母亲她的演出被称赞是最精彩的。慰问团团长的污蔑在这时自然也就烟消云散了。

董竹君先前认识的朋友陈清泉在 1941 年 10 月份的时候特地从纳卯省赶到马尼拉拜访董竹君母女。再次见面，陈清泉便将自己的想法一五一十地告诉了董竹君，他说："明年就离开根本没有感情的妻子，抛弃现在拥有的一切，做好准备后便回国，为祖国效力！"董竹君听后频频点头赞同。

那日，他们聊得很投机，滔滔不绝。分别的时候董竹君并没有见到他，只是简单地通了电话，陈清泉在电话里开心地同董竹君讲："我急着赶船回去，就不到你家了，反正我们明年在上海还是可以见面的。"

董竹君也只是嘱咐他多看些书籍，路上珍重。陈清泉在挂电话之前还特地和董竹君说了一句："谢谢你。"董竹君怎么也想不到，这竟是他们最后一次通话。后来"二战"爆发，陈清泉死在日军的枪口下，而董竹君到遥远的 1984 年以后才知道此事。

可董竹君怎么也无法安心下来，经过再三思考之后，董竹君决定在 12 月 13 日回上海一趟。

1941 年 11 月 8 日夜里，日本的飞机偷袭了美国的珍珠港，太平洋战争爆发了！第二天早晨外头的卖报小贩简直沸腾了整个马尼拉街头，随后董竹君接到上海跑马厅总经理太太的电话才知道战争爆发了！这个时候，董竹君才清楚地听到卖报小贩号外后面接着喊的是："日本偷袭美国珍珠港……"

这一刻，董竹君感觉眼前的一切都定格了，她能清楚地听到自己频率过快的心跳声。两个女儿吓傻了，赶忙用力摇晃着她的身体，着急地喊："妈妈！"董竹君这才回过神来。

她知道，战争一爆发自己至少四五年才能回到中国，可这期间她们身无分文地待在美国的殖民地上，国内的两个女儿怎么办？锦江怎么办？董竹君不敢再想下去，她拍桌而起，毅然决然地同两个女儿讲："非立即回国不可！"她也顾不上行李，转身就向轮船公司奔去。

开战期间，菲律宾通往各国的轮船都只停不开，董竹君就这样冒冒失失地去到轮船公司必然是无果。当时董竹君是急昏了头，根本听不进旁人的劝说，用中文焦急地同经理一再请求。

经理刚开始还耐心地向她解释船只无法起航，可后来烦了也就不搭理她了。从轮船公司回去之后，董竹君因受刺激过度导致视力衰退了一段时间。

她从上海到菲律宾本想躲避潘三省的威胁，可没想到如今真是才出狼窝又入虎穴，进退两难！

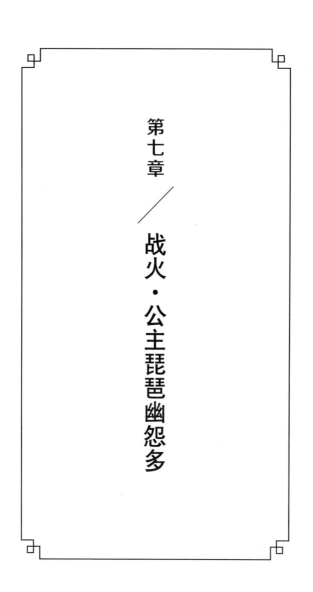

第七章 / 战火·公主琵琶幽怨多

开始流亡人生

　　流亡，是什么概念？是流落逃亡异国吗？究竟是一个什么样的时代能使一个人从自己的故土逃离至异国，又在异国流浪？又或许，能站立行走已是老天爷最大的恩赐。在这腥风血雨中，又有多少人失去腿脚呢？这是一个残酷的年代，流亡，是唯一的选择！

　　美日两军打起来，菲律宾不可避免要迎来一场恶战，这董竹君早早便已料到，可她没有任何办法。很快，日本的战机驶入菲律宾，疯了似的向马尼拉附近的城市掷下炸弹。中弹的房屋立即被炸得粉碎，只剩下那一根根钢管裸露在乌烟瘴气的战火中，屋子里的人无一幸存。

　　整个菲律宾陷入了空前的恐慌中，马尼拉受炮弹的威力影响整个城市犹如地震般不停地摇晃。城里的警报器响起，侥幸存活下来的人们都争先恐后地逃离，董竹君以及她的两个女儿也不例外。她们一同跑出屋外，根本无法自由行动，从头至尾都被人挤着，然后被迫行走，随后在摩肩接踵的人群中走散。后来相聚时，只见彼此都面如死灰。

　　在这样的情况下，当地政府为躲避日军的炮弹，总是在警报来临之前将全城的灯都熄了。晚饭过后，精神状态高度警惕的董竹君怎么也无法入睡，她担心自己可能一不留神就有死在梦中的可能，于是她提出到海边走走。

有时候，生命的轨迹总让我们不住地怀疑：也许一切在冥冥之中就早有注定。这一次出行让董竹君遇到了锦江曾经的座上客——油松先生。

油松先生一眼即认出董竹君，更是热情地邀请她到自己乡下老家避难。油松先生是菲律宾人，在这样绝望的时候能得到当地人的帮助，董竹君深感安慰。她谢过这位好心的菲律宾人，最后还是决定先搬到桂华山郊外的家中观看时局。

董竹君与好友桂华山时刻警惕地关注战况，一连几天过去，战火眼看就要殃及马尼拉。城中许多人赶紧逃离马尼拉，这些人当中不乏刚从别的城市逃到马尼拉的人，他们还没来得及停下歇口气又要逃离。董竹君同桂华山商量逃离路线，最后决定分头行动，原因是他们俩的看法不一致。

董竹君决定往南方逃，确定好路线之后，董竹君立即吩咐大家准备好足够 6 个月的食粮，其中，董竹君还做了一件让后人瞠目结舌的事情。董竹君认为，菲律宾是一个资本主义气氛非常浓厚的国家，出发之前，她特别叮嘱她的两个女儿要略施粉黛，打扮得漂漂亮亮地逃难，这样出门可能会颇受"关照"。当时一起逃难的除了董竹君母女 3 人之外还有大女儿国琼的同学菲列浦，菲人女佣横琍答，四川进步人士张克勤，一共 6 人。

一直以来，日本人与中国人在外貌上一向是最接近的。

途经一座小镇时，董竹君一行人被菲律宾当局的新兵误认为是日本人。董竹君用中文解释也只让新兵半信半疑，最后还是菲人女佣和菲列浦两个本地人解释才脱了险。脱险之后的董竹君带着一行人很快找到了油松先生乡村的住所，无论什么时候我们都应该明白，如果一个国家正在战争，那么就别指望能在这个国家过上一天的安稳日子！

提心吊胆地在油松先生的家中居住了一个星期后，村里的无线电广播突然播报出美国宣布马尼拉为不设防城市的消息。这时候，董竹君突然陷入了进退两难的境地。消息公布的第三天早上，村长发布逃难指令，当天下午，村民全部迅速撤离了村庄。放眼望去，整个村子剩下不到 10 个人了。

董竹君想和他们一起逃难，可油松太太听后连忙摇头表示拒绝。油松太太向董竹君解释道，他们这是要到山上避难，居住在山间的都是土人（蛮横，腰间藏着刀器，会杀人），而她们不会说土话，装饰面孔都与他们本地人有差别，这样贸然地同他们上山是十分危险的。

董竹君看着一片狼藉的村庄，顿时觉得绝望极了。她跑到公路上，希望自己能侥幸遇上乐意帮助她的人，或者，一起想想办法也可以，她在这地方人生地不熟，又只会说英语。可真正站到公路边上的时候，董竹君觉得更绝望了。她遇到一位先生，走近时董竹君才知道他是从北方的战地过来的，还中了弹片。

国琇在房中收拾行李，半晌不见母亲进门便担心地出门查看。看见公路边的母亲之后，她快步走上前去，开口便问：

"妈妈，你想好去哪里了吗？"董竹君摇摇头，便是自己此时也没有任何想法。

就在这时，一辆车突然从马尼拉城里开了出来。董竹君同她的女儿犹如看到救命稻草般奋不顾身地上前，张开双臂拦住车子。车子停下了，母女俩总不免先遭到一顿臭骂。董竹君不在乎，毅然上前询问司机能否送他们几个人进城？在董竹君的再三请求下，一个司机终于同意载他们进城，但进城之后他要得到丰厚的报酬，董竹君立刻答应了。

坐上车子之后，董竹君天真地以为真的能如愿回到马尼拉城市。谁知，从小镇到城中要驶过一座桥梁，不幸的是，这座桥梁在日军的轰炸下断裂了。桥梁两岸聚满了难民，他们哭着喊着，纷纷跳下河里抢夺小木船渡自己的家人到对岸。董竹君一行人也不得不下车，菲列浦一个激灵立刻跳下河中同他们抢小船，司机也一起帮忙。等他们安全到达对岸时，司机却不见人影了，即使当时司机是出于谋利才帮助他们，但董竹君心里仍然认为当时帮助他的这位司机是位好心人，因为最终这位司机不仅钱没拿到，车子也毁了。

董竹君刚上岸，浩浩荡荡的日本摩托车侦察部也已经到对岸，小镇附近的上空还盘旋着几架飞机。经历前段时间的轰炸，董竹君对盘旋空中的飞机产生了本能的恐惧感，因为她永远都不知道会不会下一秒自己将被这架飞机掷下的炸弹炸得灰飞烟灭。

其他人也格外慌张，行李全部都扔下便独自逃难去了。董竹君刚开始还带着两个女儿，后来觉得目标太大太危险所以决定先散开。

董竹君当时是躲在了一间无人居住的屋子下面。正巧，当时镇上的一个士兵也走进了这间屋子，董竹君一眼便看出这士兵是几天前误会她是日本人的新兵之一。董竹君屏住呼吸躲在门后，生怕刚从日本人手里逃出来又死在这个新兵手里，那太冤了。

这个士兵一直在观察日本侦察机，等侦察机接近地面的时候，他竟然打算放枪。董竹君一时着急，也顾不上生死，直接冲上前。精神高度紧张的士兵立即把枪口对准了董竹君，董竹君仍然镇定地用英语同他讲："这是架侦察机，你开枪了日军会误认为这里设有埋伏，到时候派出战舰向我们开火，那么大家都得完蛋！"

士兵听后，慢慢地把枪从董竹君身上移开，打量了董竹君一眼之后便把枪收好，退了回去。可以说，当时若不是董竹君制止，恐怕菲律宾的遇难人员将会又多出几百人甚至几千人，而董竹君也极有可能在这次战火中遇难。

大概是得到了军方需要的情报，日军侦察部队很快就向北收队了。日本人走后，无数难民从房屋中出来，大声叫喊着自己的家人，董竹君也不例外。她跑到河边，扯开了嗓子呼喊国琼和国瑛的名字。小镇子唯一的好处是小，不一会儿，国琼和国瑛便应声找到母亲，一起出逃的几个朋友也聚齐了。

这个小镇离马尼拉有几十公里，而美国刚宣布马尼拉为不设防城市，日本又刚派了侦察队前来侦察，种种迹象表明日本军队这是要在镇上养精蓄锐几天才进入马尼拉。而日本这样的法西斯主义进入了小镇势必会把妇女抓起来"犒劳"军队。想到这里，董竹君背部沁出一层层的冷汗。于是，她决定不论用什么方法都一定要进城，绝不能在镇上停留！

先前说起，董竹君在出门之前就让她的女儿们穿戴整齐，略施粉黛。在菲律宾，穿着讲究、打扮貌美的妇女是颇受注意和尊重的，因为具有这样条件的妇女多半是有钱人。正因如此，董竹君一行人成功地引起了一位穿西装的绅士的注意。他拍拍董竹君的肩膀，表示愿意对董竹君提供帮助，但只针对女士。

这位绅士听到马尼拉作为不设防城市之后便赶紧从城里赶到村庄接他的家眷，后来发现桥梁被炸断就在河对岸等了整整两天，第二天暮色渐渐深了他便晓得定是接不到家眷了。转而看见董竹君一行人举止打扮都不像穷人，于是就好心把她们接走了。车子开走不久后，身后传来密密麻麻的机关枪扫射声，董竹君只觉得惊险，若不是有贵人相助，她也许就死在这枪下了。

绅士将她们送到了马尼拉城内油松太太家，分别之时董竹君特地问了那位绅士的名字。也许是年代太久远，当董竹君再次回忆起这位绅士时，也只记得是位银行经理了。分别时因为太慌乱没有亲口对他说一句谢谢是董竹君永久的遗憾。

夜深时，一同逃跑的两位男士张克勤和菲列浦也赶到了城中与董竹君会合。第二天横瑚答也回家去了。

回到马尼拉之后，董竹君同女儿以及张克勤便生活在油松太太家中。油松太太一直以向贫民租赁马车来维持生计，房子自然也就位于以马车为业的贫民区中心，四周都弥漫着马粪的臭味。

日本占据马尼拉之后，中国驻菲的总领事和副领事以及不愿为日本人卖命的华侨同胞都纷纷遭遇枪决，当地抗日的有名华侨大多被关押起来。负责打探消息的张克勤告诉董竹君，桂华山也被抓了，幸运的是，菲律宾的总统夫人是福建人，她保释出了一批华侨，桂华山也在保释名单中。听到这样的消息，董竹君心里是悲愤的，但前段时间的磨炼已经让她看起来平静许多。

自从日军占领了马尼拉之后，便开始肆意妄为，他们随意掠夺钱财，骚扰居民，奸污少女。董竹君和她的两个女儿几乎不敢出门，成天躲在家中。他们开支靠借款，买菜等"抛头露面"的事情都交给张克勤。

董竹君时刻嘱咐她的两个女儿即使再穷也要穿戴整齐，因此，她们赢得了当地居民的尊重和帮助。即使她不认同当地居民这样的价值观，但她心里也是充满感激的。

战争爆发之后，马尼拉的工商业越发不景气。男人们都不做生意了，在街头活跃的反倒是妇女居多。董竹君思考着总是靠借款生活也不是长久之计。最后，董竹君决定搬到郊外奎松城，找一栋无人居住，地势冷僻的房子住下。张克勤在这时与董竹君分手，他独自迁居别处，以给私人补习日语的收入维持生计。

不久之后，董竹君找到了路子，开始做起掮客（类似于现代的中介）。这时候的马尼拉有一个很奇怪的现象。有骨气的男子不愿给日本人抓到做汉奸便整日躲在家中，闭门不出，还有的躲到各地山顶，赚钱养家的事情都交给女人来做了。董竹君做掮客的时候没有钱租办公室，安装电话，但生意还坚持要做。这时候，董竹君只好厚着脸皮到别人的办公室里借电话沟通。刚开始的时候一天下来赚不到一文钱还受气是常有的，但董竹君都忍了下来。

做掮客期间最令董竹君印象深刻的恐怕不是做生意赚了几个钱，而是每日傍晚坐马车返回住所的途中，董竹君总能看见一些干瘦的五六岁的孩子拿着香蕉在路上哭着求像董竹君这样坐着马车的掮客买。而这些孩子的穿着，衣衫褴褛算是比较好的，有的仅在腰间围了一块破布，还有的赤裸着身体，他们很黑，有些孩子身上经常布着新的旧的伤疤，但那双眼睛却格外清灵。

那些伤疤不是别人留下的，大多数都是他们的父母穷得揭不开锅了才让孩子晒着太阳也要在路边卖水果，如果卖不出去就会被鞭打。只要碰到了，董竹君总叫马车夫停下来，买一些水果再离开。也许是从小出生于贫民家庭，遇上这种事情时，董竹君总忍不住心酸。

一年之后，为了方便做生意，董竹君搬到了马尼拉城内海边森林后面小巷内的一排贫民区房屋。那时候，董竹君除了做生意以外每天必做的事情便是到海滨，站在海滩上眺望七号码头，渴望着有轮船返国。

返国的艰辛之旅

大海，远远望去，蔚蓝而又宁静，那一朵朵浪花犹如跳跃的精灵。每日清晨，天际与海平面连成一线，看起来这样安详，甚至无害。谁又曾想到，看似平静的海面暗藏杀机。海底的珊瑚海礁以及大型的鱼类都是潜伏在海里的杀手，一不小心，将丧命于此。

不管在中国还是菲律宾，董竹君似乎总逃不掉流离的命运，居无定所大概是董竹君漂泊菲律宾4年最贴切的形容词了。董竹君同她的两个女儿的生意越做越上手，佣金也越赚越多。手头上渐渐富裕之后，董竹君又从贫民屋迁至"巴赛"居民街。不到一年，董竹君又搬到附近的一间公寓里居住。

1943年，苏、美、英三国又在伊朗首都德黑兰举行会议，其会议目的在于商讨德国军事力量以及对日作战的政策。董竹君对这次会议充满希望，她希望会议可以改变她现在这副有家不能回的窘状。

谁知，此次会议使得国际形势又紧张起来，才稍微稳定一点的马尼拉城市在日军的控制下仿佛又开始蠢蠢欲动。居民们又回到了不敢出门的状态。这时候，市场开始变得死气沉沉，董竹君又没了经济收入，无奈之下，她们被迫从"巴赛"搬到了防空洞对面的吊楼上。

董竹君就在搬迁、逃难又搬迁又逃难的日子中度过了4年的时光。这4年间，她无时无刻不心系自己隔洋之远的另外两个女儿，还有四川的儿子夏大明，只要空闲，董竹君就疯了似的思念他们。除了亲人之外，董竹君还关心她离开之后的锦江究竟如何发展？还有当初那个汉奸潘三省，他是否还在找锦江麻烦？

1945年元旦前后的一个上午，一位福建华侨急切地找到董竹君，告诉她，"二战"形势发生了重大的变化，美国同菲律宾附近的岛屿联合起来对抗侵占菲律宾的日本军队。现在有艘日本的红十字会难民船要开往台湾，最后转到上海。

这对董竹君来说绝对是条救命的消息。4年多来，她都在盼着这一天的到来。想到自己有可能重回故乡，董竹君激动得泪流不止。董竹君立刻和华侨协会商议，可最后的结果是：只有一个铺位，只能一个人回去。

董竹君把那一张船票放在桌子上，心情沉重地开始商议究竟让谁回国。这样的会议，就像在一群快要饿死的乞丐面前放一个馒头，然后告诉他们：你们只有一个人能拿到馒头。这样的抉择要放在别人那儿，可能是个死局。可这毕竟是董竹君，每日到沙滩上静静地眺望码头的样子都被大家看在眼里。况且，他们都知道董竹君到菲律宾实在是太突然了，锦江需要她回去照顾。由此可见，这返国的船票自然就交给了董竹君。

　　手里持有船票的董竹君心里五味杂陈。只要是战争，无论在哪里都不会是安全的，而她这次要在愈演愈烈的"二战"时期乘着日本的难民船。她不敢想象在海上的两个星期会不会遇到什么危险。她抬眼望去，身边的朋友们都皱眉不语，两个女儿险些哭出来。

　　时间紧迫，董竹君来不及感伤太久便要收拾行李离开。这次回国，董竹君仍然像往常一样保持风度。她向朋友借了一身行头，身上带了1000日币之后便出发了。离别之际，两个女儿泣不成声，她们紧紧地拥抱着母亲，除了"妈妈注意安全，万事小心之外"，再说不出别的话。母子连心，董竹君也不禁湿了眼眶。她何尝不知道孩子们的担忧呢，此时一别，下次相聚就不知道是什么时候了。

　　董竹君踏上甲板，站在栏杆上看着码头上的女儿以及朋友，她不愿挥手，不愿说再见，只是静静地看着码头离自己越来越远，任眼泪无声无息地流淌，直到码头成为小点点，最后消失在她视线之外的时候，她才舍得走进船舱。

　　进了船舱董竹君才发现，先前买票说好的铺位根本就是骗人的，进了这艘船的难民们不论男女老少都挤在最底层的货舱里，就像她初到厦门陈清泉家避难时偷渡的轮船一样。不同的是，货舱的难民都安静极了，就像不会说话的哑巴一样，她叹一口气整个货舱的人都可以听见，难民们的脸上都不约而同地写着满满的疲惫感。在这样窒息的氛围下，董竹君也安静了下来。

　　第二天一早，有人进入难民舱将难民们都带出去参加劳动。董竹君自愿去做了最低下、最肮脏的杂活，倒垃圾、拖地板、洗碗碟。1月份前后的天气有些冷，可船上不仅没有丝丝凉意反而还闷热得很。

而且，在船上总能闻到臭味，因为是日本人的船只，难民们没有人敢出声。直到有一天，船只突然停在了苏门答腊岛。从菲律宾到台湾的船只抵达苏门答腊这无疑是南辕北辙，对于日本为何如此，难民们没人敢吱声。

船上环境差，空气不流通，很快地，很多人都得了传染病。董竹君负责刷碗洗碟，她亲眼看着碗筷越来越少，这意味着越来越多的人死掉了。

日本人对待患上传染病的人非常残忍。那些没钱、没文化，不能同日本人沟通的贫民患了病，下场往往是被扔进海里喂鱼。董竹君曾目睹日本人将一些还没死掉的病人拖到甲板上，然后两个人架住那病人越过栏杆丢进海里，即使病人怎么哀求他们都当作没听到，她就这样看着同伴被游来的鲨鱼吞入腹中。

很快，董竹君也坚持不住，染上了传染病。起初只是身体感觉微微不适，到第五天的时候董竹君开始上吐下泻，浑身无力。有时候，董竹君实在没劲了，就干脆睡在道上，方便她上厕所，也不必被人踩来踩去。在这种环境极差的船舱里，董竹君的病况一天比一天严重。她反复地思量，觉得如果再不求医的话自己恐怕也会被抛入海底，死于鱼腹。为了活下来，董竹君开口说了自己一直不愿意说的日语。

日本人见她会说日语，立即带她到治疗室进行治疗。董竹君到老都记得那位治疗医师对她是颇为照顾的，先前瞧不起她的日本人对她说话也轻声细语了许多，不仅如此，他们还笑着嘱咐董竹君好好养病，亲切的样子让董竹君产生故人的错觉，可董竹君丝毫不上当，她清楚地知道，日本人之所以对她如此客气完全是事先掌握了她的资料，想让董竹君回国之后为他们办事！

虎落平阳，董竹君也只好假装顺从。难民船在苏门答腊停靠了1个星期，之后朝北驶去，1月底的时候抵达日本九州岛。

1月的日本正飘着雪花，从船舱里往外走时，凛冽的风向董竹君袭来。她不自觉地把头往衣领里缩了缩，嘴巴不停地朝冻僵的双手呼气。听日本人说，他们会在九州岛换船直接到达上海，换船期间难民们必须分开居住并且由警卫看护着，除此之外，难民们还要将随身携带的日元存到银行，只留少部分备用。也许是能回到上海这个消息让她太过高兴，对于日本人这些没人权的安排董竹君也没计较什么。

这途中，董竹君被送到一家旅馆，同行的还有两位女士，其中一位姓黄，还携带家眷，这家眷是个3岁的小娃娃。两位女士身上没钱，在日本人生地不熟，语言交流也有障碍，想吃顿饭都困难。她们听说董竹君会讲日语，在日本待过，于是向她寻求帮助。董竹君心地本就善良，就算自己身处困境，但只要有人找她帮忙她一向是答应的，更何况是战争时期还携带家眷的同胞妇女呢。

到了日本，除了解决温饱问题，董竹君还有一件重大的事情要解决——给马尼拉的两个女儿发电报！她找到电报局，同电报员说要给马尼拉的亲属发报。谁知电报员的一句话让董竹君顿时觉得五雷轰顶，心情沉重得像压了好几吨的大理石在胸口上。

他说："马尼拉的电报已经有 3 个星期没通了。"

董竹君这时才知道，她离开马尼拉海湾的当天美国便对日军进行反攻。此时，董竹君的大脑神经跃然跳出两个女儿灿烂的笑容。分别时，董竹君与她们约定好到了台湾就给她们发电报告知情况，如今线路改到日本，她立即就想给她们发电报了，没想到还是迟了！

战火愈演愈烈，被困在日本的董竹君日夜担心自己会不会因为美军从天而降的炸弹丧命。旅馆内，3 个成年女人，一个 3 岁娃娃共用一个火炉取暖，她们能做到的只有等待，等待日本人换好轮船，这样她们就能回家了。事实证明，她们把希望寄托在日本人身上简直是异想天开。

持续等待了 4 天，另外两人只懂哭泣，董竹君终于忍不住了。她从服务员口中打听到旅馆的主人其实是一位 60 多岁的老太太，她凭借早年在日本的经验得知，上了年纪的老太太思想比较单纯，她若想打探消息也只能从那位老太太下手。董竹君抓住一般老人喜欢被奉承、被尊重的特点，哄了那位老太太两天后才得知，时局日益紧张，所有的船都拿去参战了，说什么换船都是骗人的，还是另找退路为妙。庆幸的是，这位老太太对董竹君足够信任，愿意帮助董竹君离开。

董竹君当时的返国路线是这样规划的：从九州乘坐渡轮

出发，经过朝鲜海峡到达釜山之后再换乘东北三省的火车回到上海。出发之前，老太太特地提醒董竹君东北出现了近30年来的最低温，此行实在凶险万分。这董竹君又何尝不知呢？可当下，除了这一条路，董竹君想不出第二个法子。

当晚，董竹君便立刻行动。老太太负责和看管董竹君的警卫商议，最终以"若她们能安全离开，以后还可能为日本人多做点事情"为理由。警卫坚持不过3秒便动摇了，再顿了2秒，他们点点头，表示愿意帮助她们向上头说情。

这是一个只有白雪，没有星辰的晚上，董竹君穿着脏厚的棉袄走在警卫身后。他带董竹君走进了警长办公室，此时自然就少不了盘问。董竹君借着盘问的机会不停地向他们讨好，内容无非就是同回国的路上一定沿途替日本国家宣传大东亚帝国如何强盛，等等，董竹君在那一刻充分地发挥了自己的口才。这些董竹君自己听起来都觉得不可靠的话，那些盘问她的警察却信了。

由于资金不足，那些人不能给董竹君买直达上海的火车票，最多到天津，董竹君害怕他们出尔反尔，立即解释自己只要到了天津就会有熟人帮忙，他们听了也没起疑，只吩咐董竹君到了中国一定要给他们大东亚帝国做宣传。董竹君满口答应，内心其实隐隐作呕，其原因是日本侵略军做了这么多祸害百姓的事情，但凡有一点爱国之心，就绝对干不出这事。

在九州岛的那段时间，董竹君最为感激的是旅馆那位老太太。分手之时，那位老太太还把自己来之不易的牛肉片和黑面包塞给她，嘱咐她带着路上充饥。可见，不论世道多乱，总有一些人保留着最初那颗善良的心。

可惜的是，此次一别，董竹君再也没见过当时帮助她的那位老太太以及帮助她的好心人，但感恩之情心中永存。

战争时期，任何事情都会有无数个变数。从日本到朝鲜注定是一场不平凡的旅途。从轮船开始行驶的第一秒，日本人便对乘客说明逃生规则，应急措施。由于船上人太多，人工传话告诉大家有危险基本上是不可能做到的。

于是，日本人想出了个"暗号"。甲板上挂着一面铜锣，一声铜锣响起表明敌军来袭，所有人要到走廊集合，等待指令。两声铜锣响起便跳入海里，等飞机走后会有人下海把落海的人救起。这些人的信誉度在董竹君那里统统为零，可即便如此，若真有情况她也只能照做。所谓怕什么来什么，船只接近朝鲜海峡的时候，第一次锣声响起了。

船上的乘客们都乱了，他们争先恐后地跑到走廊上，除了董竹君一行人以外，乘客当中也有抱着孩子的妇女，孩子在哭泣，母亲也在哭泣。船上一片狼藉，所有人都睁大了眼睛用力呼吸，仿佛要将所有氧气都吸入肺部，生怕下一秒便不能再呼吸。

董竹君吓得双目无神，木讷地跟着人群跑到走廊上，她的余光将周围的一切尽收眼底，因为太害怕，董竹君一度觉得自己快呼吸不上来了。后来警报解除，这有惊无险的一天却成为了董竹君的梦魇，她的支气管炎就是那次惊吓过度之后留下的后遗症。

经过了朝鲜海峡，董竹君才终于踏上祖国的土地，但即使回到自己的国家董竹君也马虎不得。早在 1931 年，东北三省便被日军占领，至 1945 年已经有 14 个年头 168 个月份 56 个季节，董竹君的一举一动都要异常的谨慎才行。

上了火车掏口袋的时候，董竹君发现 3 人（小孩没算在里面）的全部家当加起来才有两角钱。无奈只能啃着日本旅馆老太太给的牛肉以及火车上免费发的水生存。黄太太的孩子小，因为又冷又饿所以不停地哭。

经过沈阳的时候，一行人的状态简直就是饥寒交迫，董竹君更是饿得腿发软，但想到自己费尽千辛万苦才回到祖国，她决不允许自己客死他乡。于是，董竹君向四周张望，终于，她看见两位用上海话聊天的老人，她也顾不上什么面子站起来就朝着他们的方向走过去向他们开口借钱。董竹君先是向他们介绍身份来历，没想到两位老人听到董竹君便知道是锦江饭店的老板，慷慨地借给董竹君 10000 元。

两个中国人，其中姓黄的是个商人，当时在场的还有一位日本侨民，姓李。离开故乡太久的董竹君在那次借钱中才知道国内通货膨胀严重，10000 元也只够买一张火车票，而且国内汉奸猖獗，最要紧的是现在各地的人都在谣传董竹君在马尼拉的时候已经被炸死，她不禁担心起自己的餐馆来。交谈中董竹君知道这 3 人也是要到上海的。为了减少一些麻烦，他们不约而同地提出同行，身无分文的董竹君简直求之不得。

23：00，火车到达天津站，大部分人因为没有钱住宿便在车站两旁将就着睡了，董竹君一行人则在一家日本旅馆住下。但是那天晚上睡得并不安稳，旅店里的服务员个个都如同死尸，面无表情，对待住店的客人也无丝毫热情，刚好大家肚子都饿了，于是又组队到一家面馆吃了阳春面。一把细面，半碗高汤，一杯清水，五钱猪油，一勺酱油，烫上两棵挺括脆爽的小白菜，这面的味道董竹君只觉得比任何山珍海味都要好。

董竹君彻夜未眠，次日黎明日本侨民在天津与董竹君一行人分了手。过安检的时候，日本人听董竹君说的是日语便随意地让她带行李上了车，可这时候突然冒出另一个女人不依不饶地要检查，董竹君知道对付这样的汉奸只要甩几个钱给她，她必定乖乖地闭嘴，但她偏不这样做。

董竹君带了两个行李箱，她一脚将行李箱踢得老远，低头拿了另一个行李箱转头就走，那汉奸毕竟是女人，见董竹君动作这样利落，气场又如此强大便不敢真的上前拦着她，就只是站在原地大声乱骂以示威风，却不知她这举动让车上多少人频频作呕。

车开到南京时又是午夜，由于董竹君一路上穿得过于单薄，到南京的时候开始发烧。董竹君也顾不上自己的病情，裹着被子也要随着大家到火车站抢票。混战时期，又加上旧历年底，每个车站都聚集了无数想回家的人。有些人抢到票后却因为人太多挤不上车，爬窗上车的事情在当时火车站见怪不怪，幸运的人成功地通过车窗上了车，不幸的人爬到一半车开走了，最后人摔到车底下，火车照样开走了。那时，这样冤死在车轨下的人不计其数，列车长和乘务员都习以为常。

对此，董竹君在回忆录里这样说："战争！战争！发动战争者，给人类带来了无穷无尽的灾害……"

在南京购票的过程是非常艰难的，若没有些门道，十天半个月甚至几个月都不可能买到票。再三思虑之下，董竹君决定再次利用尘封在行李箱最底层的日本武官府出口签证。当天下午，董竹君便领到了6张车票。

1945年2月1日旧历除夕下午，董竹君一行人终于抵达上海。分别的时候，一同从菲律宾乘船的其中一位姓张的夫人握着她的手泪流不止地向她道谢，说这一路多亏有她的照顾才能顺利返回故乡。

第二天便是中国流传几千年的传统节日春节，即使是混战时期，每家每户仍贴着窗花，对未来心怀希望。董竹君走出上海车站，望着眼前既熟悉又陌生的土地不禁潸然泪下。街还是那条街，房子也都还在，只是多了些穿着黄色军装的日本士兵的身影。

对于当时从马尼拉出发的日本难民船为何不按原计划抵达台湾而绕到苏门答腊，董竹君也是"二战"结束后听老友说起才知道，当时那艘船其实是日本以红十字会为掩护送军火以及重要人物的船只。船只被美军发现后成为重点轰炸对象，董竹君每每想起此事都心有余悸。

整理心情重整旗鼓

在毛里求斯的悬崖上，生长着一种名叫毛里求斯蓝铃花的稀有植物。铃铛状，小巧玲珑，味道清新香甜，生命力非常顽强。董竹君就是这样的花，百折不挠是她与这花共同的标签。5年之后再次回到上海的董竹君无疑又要经历一次一次涅槃的过程。

即使归心似箭，但刚从车站走出来的董竹君要做的第一件事情并不是立刻回家，不远处的报刊亭吸引了她。自从"二战"开始之后，董竹君便再也没有听到上海的任何消息了。她手里提着行李箱，迈开步子向报刊亭走去，翻了翻时下最热的大头报，上面的一则报道真让她感觉无比惊讶。

报道的内容是这样的："锦江女老板董竹君于3个月前已经在马尼拉被炮弹炸死……"董竹君激动地将手里的报纸捏得不成形，她怒火冲天地从嘴里吐出两个字："混账！"她在责怪那些媒体不明事实胡乱报道，她活得好好的却被写成炸死他乡，尸首不明！她赶紧借了电话拨给家中另外两个女儿，告诉她们母亲回家了，让她们不必担心。

因为过年，街上到处充满年味，董竹君无暇欣赏景色，只赶紧到马路边拦了辆三轮车往家里赶。

董竹君家住在凡尔登公园（现为花园饭店，在淮海中路）31 号，女儿不顾天气寒冷在门前站立许久，只盼望早点把母亲盼到家中。看到这一幕的董竹君双眼禁不住地发烫，她下了车，腿脚便一下子不听使唤地僵在那里。

国瑛先是愣了一阵子，看清眼前那个头发凌乱，穿着脏得不成样子的棉袄的妇女是母亲之后，便全力奔上前，丝毫不在意此时的母亲有多邋遢，不在意母亲身上是不是有难闻的味道，她紧紧地抱住母亲，激动地说着："可算见到妈妈了，我们还以为您回不来了呢！"听到这句话后，董竹君在回国途中受的委屈似乎在这一刻全部释放了出来，她哭得更凶了，带着浓浓的哭腔回答女儿："我这不是回来了吗。"

5 年未见，在国瑛眼里，母亲变老了许多，也瘦了许多，但精神很好，看上去还多了一份沉稳与睿智。

这 5 年，董竹君错过了太多陪伴她们的机会，这一刻她只想就这样安安静静地和女儿们待在一起。如果可以，她倒希望自己不是出生在这个战火纷飞的年代，她若生活在太平盛世，国家大事用不着她去担心，这些事情交给丈夫，而她，只管相夫教子，平平淡淡地过一生，那该多好。是这乱世成就了她不平凡的一生，是这社会逼着她成为一代女权先驱！

董竹君的归来着实小小地轰动了一把，给 3 个月前登了她死讯的报社来了一记重重的耳光。听到消息的知名人士都纷纷前来拜访董竹君，其中，"亲家"杨虎可是头阵。

杨虎是在 2 月的时候拜访董竹君的。这时候的董竹君因为在路上穿着过于单薄而高烧不退，接连几天都卧床在家。董竹君听到杨虎到家中拜访，二话不说就到客厅会客去了。

杨虎此次找董竹君绝不仅是单纯地慰问一下这么简单。寒暄过后，出于对董竹君的信任，杨虎便向董竹君说出了心中疑惑。其主要讲的是：当今局势混乱，"二战"虽然已经接近尾声，但蒋委员长（蒋介石）的野心却从未消失过，这些年来，国共二次合作让他深受启发，却也对未来迷茫起来，让他渐渐怀疑自己的政治观念了。董竹君听此，便顺水推舟地同杨虎长谈起来。

一个女实业家知道这么多国家大事着实可疑，因为害怕暴露自己的政治倾向董竹君讲话的内容大多只是模棱两可地告诉杨虎要认清局势，对国人有益的才是最好的。最后的时候，董竹君又不露声色地告诉了杨虎自己之所以对时局分析得这么清楚完全是出于爱国。杨虎听后大受启发，与"二战"前那副腐朽国民党的形象相去甚远。

养病期间，董竹君最疑惑的是锦江两店的代理人张进之与刘伯吾为何不前来拜访？当初离开上海到菲律宾避难的时候，董竹君尤为信任他们二人，于是将锦江暂托他们管理，如今也不知道锦江两店经营得如何。

杨虎走后，董竹君便迫不及待地向女儿提出了心中的疑惑。听此，国瑛再三犹豫，最后还是董竹君坚持让她讲，她才肯说。

自从董竹君离开上海之后，张进之贪婪的面目显露无疑，他借着锦江发横财，虐待员工，就在1个月以前还要出售锦江餐馆与锦江茶室。董竹君听后，竟气愤得口吐鲜血，将国瑛吓坏了。

回国后的第三天早晨，锦江全体员工都聚集在董竹君家中，他们愁容满面，见到董竹君立刻向董竹君告发张进之、刘伯吾二人的恶行。他们你一言我一语，说到动情之处还潸然泪下。从话语中，董竹君又更进一步地了解了两人的作为。

张进之对店里的经营全然不管不顾，每日只负责到柜台拿了钱便走，如今在上海买了洋房，开起了洋车，还娶了个德国太太，这些钱无一不是从锦江的收入中榨取的。而刘伯吾又生性软弱，对事情也是持放任态度。整个锦江运营到今天全靠员工们，1个月前要出售锦江的计划一提出便遭到了全体成员的抗议。

董竹君长叹不止，心中的失望不言而喻。可这心里的苦又如何去说呢？张进之是李崇高介绍来的，是当初锦江创始的元老之一，这次出了这样大的事情她也怨不了别人，也只能怪她当初看走了眼，信错了人！

接近傍晚的时候员工们才从董竹君家中离去，临走之时还不忘嘱咐董竹君好好养病好之后回到锦江，大家都异常怀念董竹君管理之下的锦江。

众人走后，董竹君吩咐国瑛将锦江的账本找来带回家中。国瑛一听，知道母亲这是要打算带病工作，出于担心，她提醒道："妈妈，医生说您这病要安心静养，切不可操心过度。"董竹君只对女儿一笑，仍执意要拿账本。国瑛拗不过她，只好到店里找了账本给母亲。

花了两天的时间，董竹君将账上所有开支、盈利都算得清清楚楚，第三天，病还没好全她便上班了。员工们纷纷喜笑颜开，做事也更勤快起来，店里认识董竹君的老顾客都纷纷上前寒暄。由此可知，锦江开业至今，董竹君显然占据了不可或缺的地位。她是一个开拓者，亦是一个经营者，这期间，唯有用心去对待才能换来人们的尊重，这些，董竹君都做到了。

大致巡视一圈下来后，董竹君基本掌握了实际的情况。她转身对其中一位招待员吩咐，看到张进之进店就让他到办公室找她，听到消息的员工心里简直乐开了花。张进之在店里嚣张跋扈，谁说了他他就开除谁，稍有不如意便对员工们又打又骂，如今，这大魔头总算要受"制裁"了。

下午，刚走进餐馆的张进之便收到那位招待员的转告，畏首畏尾地走进办公室面见董竹君。董竹君看见后面上打趣儿说道："张老板现在才上班，看来私事很多嘛。"那表情却是让张进之看了瘆得慌。

张进之也算有点小聪明，董竹君这话里浓浓的质问他怎么会听不出来呢？张进之尴尬地干笑两声之后快步走到董竹君面前，故作惊讶地说道："董先生，您什么时候回来了呀，报纸上都说您在菲律宾的时候出了意外。"

不得不说，张进之的话题转得实在不怎么高明。董竹君只回了张进之一句："看来张老板也经常关注报纸啊！"董竹君刚回到上海的第一天各大报社便纷纷地报道了此事，张进之即使不看报纸也该知道董竹君回来了！再说，这在菲律宾炸死的消息是不是张进之联合媒体放出来的董竹君还有些怀疑。

张进之这下尴尬得满面通红，再说不出话来。董竹君也不再和他兜圈子，直截了当地就挑明了这次找他到办公室的原因。她将自己清算之后的账单甩到张进之面前，一改刚才的随和，冷冷地质问张进之。张进之知道证据确凿，他不论怎么狡辩都无济于事，于是厚着脸皮承认了。

那时上海已经是汉奸横行，之前还是个小汉奸的潘三省已经一跃成为上海的汉奸头子。董竹君处境艰难，她考虑到，张进之之所以如此大胆想必是与什么人结交，很有可能就是潘三省，况且他的妻子还是德国人，董竹君还摸不清张进之的底细，这对她非常不利。

随后，张进之以上海虹桥路的4亩田地赔偿给董竹君，并且从锦江被开除了事。对此事，无数人替董竹君感到不平，张进之贪污的数目绝不是4亩田地能抵得了的。这4亩田地售卖出去也就只值4根金条。而其中的苦楚也只有董竹君自己明白了。

虽然张进之这个大毒瘤清除了，但锦江要恢复成原来的样子还需要费些功夫。就在董竹君焦头烂额之时，锦江茶室的房东也要来插上一脚。某日，董竹君收到署名为中华职业教育社的信件。这封信一上来便要董竹君将房子让出，说是要在此办公，口气还不小。早在锦江开业时，餐馆房东孙梅堂也曾用此法威胁过董竹君，这一次，董竹君轻车熟路地直接让刘良回了一封信，信中直截了当地告诉对方茶室要迁址那是不可能的。

董竹君本以为这些人会知难而退，却没想到，他们反而越来越猖獗。他们还搬出了法律条规，房东也三番两次地拿棍子上门威胁，丝毫不退让。

无奈之下，董竹君经人介绍找到了一位叫罗书章的人出面调解。她才刚回上海不久，餐馆的生意还没恢复起来就因为聘请调解员花了不少钱，更可怕的是这期间还遭遇"金圆券危机"。这次危机中，董竹君差点失去锦江两店。匆忙之下，董竹君也无暇顾及其他，只想赶紧把茶室的事情解决了。皇天不负有心人，在董竹君花了钱的 7 天后，茶室迁址的事情终于和平解决了。

"金圆券事件"发生在全国抗日战争结束，蒋介石发动全面内战后。事情的起因据说是因为国民党军费支出数目过高导致国内财政赤字。全国陷入物价上涨通货膨胀的状态。

想到这个情况，她当下立即想到借此机会赶紧囤货，若到时候金圆券大量贬值她还可以靠贩卖囤货还清债务。

"金圆券事件"过后，上海市场又出现银元贩子，上面刻的都是蒋介石与孙中山的头像，其中大头为蒋介石，这些风波在国民党撤至台湾之后才慢慢平静下来。而这次的"金圆券事件"可谓是董竹君创办锦江以来的最大危机。多亏了董竹君当时立即采取囤货的措施才在那次危机中生存了下来，当时受董竹君鼓舞一起囤货的许多店面也都存活了下来。

再次涅槃，董竹君重生得非常漂亮，这便是董竹君，为大众熟知的董竹君！

实业下的爱国情怀

国，是民之瑰宝，是自信的来源，是家的归宿。人生自古谁无死？留取丹心照汗青，这是自古多少英雄的写照！即使纤弱的李清照也叹道：生当作人杰，死亦为鬼雄。这些豪杰无不怀揣爱国之心，而且唯有一个真正爱国的人才算得上是一个正直善良的人。

董竹君自懂事起就盼着国家强盛，虽是女子，但她的爱国之情绝不少于上战场杀敌的男儿们。她是女人，她一直用自己的方法为国作贡献，即使无任何党籍，深受世人误解，她也毫无怨言。

1945年春末，董竹君找到陈同声，他是当时新四军联络部的部长。董竹君重新和党取得了联系，为协助党的文化宣传工作，董竹君从锦江中抽取资金，在马浪路（现为马当路）创办了印刷厂。办厂的事情并不是一帆风顺。当时董竹君刚从菲律宾返国，锦江的整顿还在继续，而且资金并不雄厚，董竹君只能先将锦江的业绩恢复之后才能继续办厂计划。正因如此，印刷厂在夏季的时候才开始运作，董竹君为其取名为永业印刷所。

　　1945 年初夏清晨，张锡祺的弟弟急急忙忙地找到董竹君，称自己的哥哥及其他两位同志被日本特务抓了，无奈之下只好找她，只希望她能帮这个忙。

　　董竹君的身份是不宜出面的，情急之下她想到自己曾认识一位姓林的医生，他曾同自己讲起他有个日本病人是日本宪兵的队长叫金井，林医生将他的病治好了，故而，他非常尊敬林医生。从谈吐中她知道这位林医生应该也是一位进步人士，但他们的交情并不是很深。

　　想到日本特务手里的 3 位同志随时都可能丧命，董竹君也顾不上那么多只好拼一把，死马当活马医！董竹君赶去林医生家中，一进门就着急地同他说："不好了！不好了！张锡祺同其他三位同志都被日本人抓走了，他们是进步人士，还请林医生出面帮帮忙。"

　　林医生让董竹君将详细情况慢慢道出，他掌握了基本情况之后立即赶到金井家中。金井听他说完之后只沉默了一下，而后说他同意帮忙。董竹君又给林医生金币 40 元让他给金井送去，这样 1 个月之后张锡祺 3 人才被释放了。而后，董竹君与林医生又用这方法将在游击队工作的共产党员营救了出来。可惜，这位林医生在全国解放后被国民党发现为共产党办事而将他的医院关闭了。

　　1945 年 8 月 15 日，"二战"结束，国琼和国琇在年底的时候回到了上海家中，董竹君早早便在车站等着。分离的时候，董竹君最不放心的就是自己的这两个孩子，回到上海的董竹君也日夜挂念着她们。她心里是担心的，这次"二战"

能成功地活下来简直是死里逃生，这其中的苦楚她深有体会。

那一天，她们齐集一堂，董竹君一直忙里忙外地为她们接风。晚餐是在餐馆吃的，董竹君从坐下来那一刻起便关心地询问自己离开后两姐妹在马尼拉的情况。国琼告诉母亲，当时情况非常混乱，好几次虎口脱险都多亏了母亲朋友送的警犬派斯特。战争快要结束的时候，日军越发猖獗地到处杀人，似疯了一般，好几次两姐妹都是听着派斯特的犬吠声逃走的。至于当时在菲律宾结交的那些朋友，大难临头大家都各自逃亡去了，哪里还顾得上别人。董竹君听完之后只觉得万幸，好在，她的女儿们都回来了。

回国之后，董竹君担心起儿子夏大明。自从离婚后董竹君就从没见过自己的儿子了，董竹君多方打听之后得知夏之时又娶了一位太太，姓唐，夏大明过继给了这位唐太太。一日夫妻百日恩，况且董竹君这一生只有夏之时这一个男人，离婚之后她就未再嫁，若说董竹君毫无感觉那是不可能的，可事已至此，她也无可奈何。

正式离婚的那一年，董竹君的友人回四川，董竹君便请求他帮忙去看看儿子。那人在信中告诉董竹君：那孩子很懂事，就是有些不爱说话，我见到他的时候他正在树底下玩沙子，问他想不想妈妈和姐姐，他只回答了一句，她们都把我忘了。而后的第四年，就是夏大明9岁的时候曾经给董竹君写过第一封信，信中的内容是：我现在知道妈妈是好人，今后若谁还敢说妈妈是坏人我就用拳头打他。董竹君看到这封信的时候鼻尖酸得不得了，同时心里也觉得对不起儿子。

1945 年年底，在董竹君的无尽思念中终于又迎来了儿子夏大明的信件。夏大明在信中告诉她，他在 1944 年的时候参加了革命，如今随军队在香港九龙驻军，很想家，但军队不日就要向东北出发，看来是有一场硬仗要打。

董竹君收到信后赶紧找到杨虎，请他帮忙让儿子回家。杨虎当下就同意了，他写了封信交给董竹君的二女儿国瑛，告诉她只要夏大明的上司看到这封信就一定会让他回家。夏大明的上司是杨虎的学生，叫孙立明，杨虎说的话孙立明多少要给些面子。

董竹君身体不大好，于是让国瑛立即乘坐飞机到香港将夏大明带回家中，国瑛拿着信立即买了票飞去。第四天下午，夏大明提着行李同姐姐一起下了飞机。董竹君同国琼和国琇早早地在机场门口等着，两个女儿劝她回去，由她们把弟弟接回家就行，董竹君就是不答应，一定要等到夏大明。最后，也真的让她等到了。

母子二人在机场门口相拥而泣，董竹君已经 40 多岁，离上一次见到儿子已经过去了 16 年。夏大明在没有董竹君陪伴的 16 年间，慢慢长成了一个顶天立地的男子汉。血缘的纽带紧紧地将他们联系在一起，不论多久没见面，他们都是彼此最亲的人。

董竹君用自己有些褶皱的手摸着孩子的手臂，嘴里呢喃着："长大了，长高了，身子骨也结实了。"说着说着，董竹君不禁又哭了出来，随后哽咽地问道："孩子，你怪妈妈吗？"

夏大明反手将母亲的手握在手中，诚恳地说："我知道妈妈离开有自己的苦衷，所以不怪妈妈。"听此，董竹君又再一次喜极而泣。

像是害怕刚见面不久就要分开一般，董竹君第二天便拉上儿子和女儿们拍了凡尔登家中的第一张照片。

1946年初，在成都念书的国璋也回了上海。全家人又在家中大院让朋友张蓬拍摄了第一张全家福。

夏大明从军或许是受夏之时的影响，而在后来的相处中，董竹君得知儿子并不知道到东北战争的性质。董竹君和女儿国瑛将事情都告诉了夏大明，而后，夏大明开始参加一系列的"反内战"的运动。

随后，董竹君考虑到国内形势漂浮不定，害怕"内战"的炮火会同"二战"一样凶猛，于是她计划将孩子们都送到美国念书，以保证安全。这时，夏大明主动提出留在中国，其原因为：堂堂七尺男儿，应当为人民效力。董竹君欣慰一笑，答应了。最后女儿们先后去了美国，其中国琼在芝加哥音乐学院继续专攻钢琴，后来在美国与罗维东结婚。而国琇便专攻声乐。国瑛也在中央的批准下去美国学习电影技术，国璋则是在1947年去美国留学。

把女儿们安排好后，董竹君这才放心将全部精力投入到革命中。1946年6月正值"反内战"大游行的前三天，董竹君接到任务要在两天之内印完4万份宣传单。当时董竹君便待在印刷所整整3天没回家。因为当时各革命党人经济都非常困难，所以其印刷费用全部由董竹君支付。下半年的时候，全面内战爆发。内战期间，只要关乎经济的，董竹君必定出力。

1947 年初时，印刷厂停歇。而后，为了方便协助张执一的工作，董竹君将原来的印刷厂售卖，又从锦江中抽取大部分资金重新开办印刷厂，名为美文印刷厂。印刷厂地址定在福履理路（现为建国西路），从准备到正式开业花了董竹君半年的时间，到 1947 年 8 月印刷厂才正式开业。不得不说的是，印刷厂印刷的书籍大多与党风有关。

不久后，董竹君又同张执一等人开办了锦华进出口公司。当时，董竹君是抱着对革命有利的想法同张执一合作的，董竹君主要担任投资人。锦华刚开办不久，张执一等人又同董竹君商量着在台湾设分公司。

当时一个叫任百尊的人向董竹君介绍了他的朋友林亚农，推荐由他担任经理。董竹君对林亚农的第一印象是一米七左右的个子，眼睛有些狭长，总东张西望，看上去有些圆滑的感觉。与他分开之后，董竹君有些犹豫地问任百尊："这人什么背景，可靠吗？"任百尊当时拍着胸脯向董竹君保证此人绝对可靠。谁知，不久之后便出事了。

1948 年 1 月的时候，董竹君将锦华总公司的所有投资资金交与另一位林经理，让他将台湾收购的大批樟脑运往香港销售，但迟迟不见消息。董竹君打电话询问情况才知道林亚农那里果然出事了。

原来，林亚农带锦华总公司的两位经理在台湾看的那批樟脑并不是他自己的，而是别家公司的樟脑。约定出货的那天林亚农油嘴滑舌地同锦华的两位经理提议让人先坐舒适的邮轮到香港，等货物到的时候直接在码头接货便好了，两位经理毫无戒心地相信了他。

谁知，他们前脚刚走，林亚农后脚便携款逃跑，逃跑之前还跑到台湾当局对任百尊进行诬陷。而不知情的任百尊追到台湾的时候毫无疑问受到了台湾方面的暗中监视。

无奈之下，两位经理这才找董竹君解决问题。任百尊是以"联络特务"的罪名被诬陷的，处理起来总不是那么方便。再三思考之下，董竹君决定找自己的"亲家"杨虎。

董竹君说自己又办了企业，可是用人不慎让手下的得力助手任百尊遭到诬陷，这刚开的锦华若没有任百尊生意肯定大打折扣。

凭交情，杨虎完全不怀疑董竹君说的话。他站起来走到书房边埋怨董竹君总因为这些企业惹上麻烦边动手给台湾方面陈华写信。这样一来，任百尊虽然被释放了，但交付林亚农的资金是收不回了。因为当时上海临近解放，董竹君也就不再追究了。

1948 年初春的时候，上海的共产党组织创办的一个刊物里的编辑部遭到查封，其中编辑部的成员孟秋江、谢雪红被大肆追捕。

谢雪红本是在台湾的进步人士，因国民党到台湾之后残暴无道，到处欺压民众，大肆屠杀进步人士。谢雪红忍无可忍，在台湾领导了群众策反运动。张执一立即找到董竹君，称这两人很重要，请她务必帮忙。董竹君听后，半夜将刘良叫到家中商议对策。

刘良有位朋友是从事海上工作的，是船长的大副。董竹君让他利用这层关系赶紧将二人送出上海，刘良义不容辞地答应了。护送途中虽然凶险万分，但刘良最终还是完成了董竹君交给他的任务。

1948 年蒋介石破坏"和谈"，到 5 月份的时候，法币贬值，物价一天一天在上涨，上海通货膨胀日益严重。美文印刷厂自开业之后便分毫未进，月月亏本，还引起了军统特务的注意。而锦华进出口公司则因为解放在即，大家忙于革命工作而无暇顾及。董竹君同合伙人商讨之后决定先后关闭美文印刷厂以及锦华公司。

决议下来之后，董竹君吩咐手下人将印刷厂的机器全部出售，随后，她又召开了股东大会，将两家公司的所有余款平分给了所有合伙人。直至 1950 年，两家公司同时宣布结束。

而后，随着三大战役的胜利，国民党撤至台湾，董竹君的实业救国计划才圆满落幕。天下兴亡，匹夫有责。经历了这么多战争，董竹君对祖国的深情恐怕是外人无法估量的。

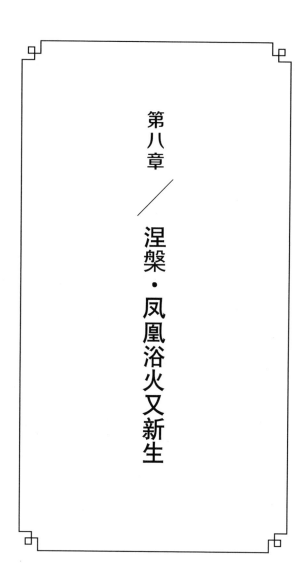

第八章

涅槃·凤凰浴火又新生

在黑夜中守望黎明

熬过夜的人都深有体会：在破晓来临之前的夜晚是最黑暗的，而等到破晓那一刻，世界便重新明亮起来，世界上一切都是如此。若能感觉到黑暗，证明在心中还有期望。眼下是黑暗，黎明是希望！

在那个战火纷飞的年代里，董竹君从未放弃过希望。老天也没有辜负她，终于如她所愿！

三大战役成功地瓦解了国民党的北方战线，这时候的上海滩遍地都是国民党的特务，蒋介石最得意的特务毛森在上海更是猖狂。传闻他在监狱巡视的时候看到一批犯人，在得知是上海逮捕的进步人士之后竟下令将他们都拖到城郊外枪毙了。而后，特务分子越发猖獗，上海许多进步人士都逃出了上海，剩下的大部分也都遭了殃。

董竹君受制于锦江两店的发展难以脱身，又不敢待在家中，于是只好从凡尔登花园家中搬到环龙路（现为南昌路）的一间公寓中。其间，无重大事情董竹君都不会轻易出门，锦江那边也对员工宣称外出工作，简单吩咐之后便离开。

董竹君时常站在窗前观察上海街头的种种情况，心里不

停地祈祷失去自由几十年的上海早日解放。这期间，董竹君
是同田云樵、任百尊一同避难的。本以为躲在公寓至少可以
安然度过一些时日，谁知，第四天的傍晚，特务们同当地巡
捕房便疯了似的挨家挨户搜进步人士。那些人的脚步越来越
近，董竹君也越来越慌张，大脑顿时一片空白。情急之下，
一位开吉普车的朋友及时赶到，董竹君感觉像是看到了希望。
她提议让开车的朋友快速将车开到后门，他们到华山路的弄
堂中避避风头。

果然，董竹君再一次虎口脱险。幸运的是，董竹君的这
次避难总共只有 7 天。1949 年 4 月 20 日，渡江战役爆发，第
三天，南京解放，这预示着国民党彻底垮台的日子不远了。
接着，解放军打到了上海，5 月 27 日，上海宣布解放！

董竹君在听到这个消息的时候，仿佛瞬间回到十几年前
十九路军打胜仗的时候。那时候，她甚至高兴得买了一小黄
包车的鞭炮同女儿们从上海街头放到街尾。

曾经年少疯狂，如今的董竹君比当年那个疯狂的董竹君
多了几分沉稳。当晚，董竹君立即邀请了所有在上海的革命
朋友们在餐馆举杯同庆。以前的她喝酒大多是为了借酒消愁，
像现在这样开心大喝还是头一次。

虽然上海已经解放，但董竹君仍丝毫没有放松。上海被
资本主义、帝国主义覆盖太久，许多人的思想都极其迂腐。
为此，董竹君邀请了共产党员黄森每周到上海的家中进行政
治历史教育，为的是激发一些正处在迷茫时期的年轻人的爱
国情怀，场地以及点心都是董竹君免费提供的。当时参加教

育的人在后来全国解放之后都做了国家干部。

1950 年 10 月，抗美援朝时期，祖国的爱国人士发起了捐献大炮的号召，董竹君义无反顾地在法国公园（复兴公园）开设锦江临时分店，将盈利的资金全部拿出响应捐献。

也许是因为解放之前过得太辛苦，解放之后的董竹君时常生病。1951 年春季，董竹君又因病在家中休养，好友陈同生灰头土脸地找到董竹君，看了她半晌，竟不忍将自己得到的消息说出来。

董竹君只觉得有事情要发生，于是她开口问："怎么了？"

陈同生知道，纸始终包不住火，董竹君总有一天还会从别人口中得知这个消息，他抿了抿嘴唇，随后开口告诉她："夏之时死了，是在四川合江县被处决了。"

一刹那，董竹君大脑里一片空白，世界仿佛都静止了，她感觉嘴巴干得要命，张了张嘴竟发现喉咙有些干涩，半晌发不出声音，眼泪却先掉落了。

不管怎么说，夏之时是董竹君的丈夫，离婚之后不是没有人追求她，向董竹君表达爱意的个个条件都比夏之时好。可怎么办，谁让她在 13 岁的时候遇上了夏之时，15 岁的时候便嫁给了夏之时，26 岁的时候已经给夏之时生了 5 个儿女呢？

在某些时候，夏之时也许真的做的很不对，可上海沦陷之时，夏之时仍然冒险送信给董竹君让她到四川避难，即使他们已经离婚，却依然关心对方。

她这一辈子，对国家没有遗憾，对人民没有遗憾，对儿女没有遗憾，唯独对爱情！她在离开夏之时时一股脑想的是即使有遗憾也要独立，如今这一切就在她的脑海中演习了不下数千遍，可如今真的发生了，她竟慌张得手足无措。

她用力吸了吸鼻子，用手背把眼泪擦干问陈同生："他怎么死的？"

陈同生低下头，看着地板回答董竹君："1950年，镇反运动中以组织策划土匪暴乱的罪名枪决。"

董竹君再次几近失声地问陈同生："为什么现在才得到消息？"

她想着，或许，自己知道的话还能设法救他一命，可如今……一切都晚了。罢了，董竹君叹了长长的一口气，似乎将所有往事都放在那口气中，叹了出来。

董竹君待陈同生离开后，自己回到房中，打开最底层的抽屉，拿出那尘封已久的照片，那上面是——夏之时，是他担任四川副都督的照片。董竹君将灰尘擦了擦，放在床头，没想到这照片，一放，就是46年（1951年至1997年）。

1962年夏，董竹君家里进来一位年轻人，姓刘，受夏家唐婆婆之托向董竹君转达几句话。那人口中的唐婆婆是夏之时同董竹君离婚之后的第三个老婆，她和蔼地看着年轻人，听着他说："唐婆婆说，夏先生在世之时总说她不如您，你们不该离婚的。"

董竹君只是微笑，让年轻人问候唐婆婆，而后，抬头看向天空，云卷云舒，花开花落，那段风花雪月的才子佳人的故事终究被埋在黄土之下，流传于民间。

1951年，接到夏之时死讯不久后的某一天，董竹君接到了夏之时第一位夫人的儿子夏述禹的来信。信中说自从夏之时死之后，他便失业了，妻子张映书被判无期徒刑，如今家中有7个孩子的生活起居要照顾，请董竹君帮忙。

进入夏家时，董竹君同情他自小丧母，将他当自己的亲儿子一样照顾，谁承想，自打她同夏之时离婚之后，夏述禹便连封书信都不曾给她写过。董竹君对这个儿子是心寒的，她把书信搁置在桌子上，打算不予理睬。可不到一刻钟，董竹君还是将阿金叫进去，给她300元让她帮忙给夏述禹汇过去。阿金疑惑，问了句："你不是很生气吗，怎么还给他汇款？"

董竹君深深地叹了一口气，随后说道："他家中还有7个无辜的孩子，我总不能见死不救啊！"

以上都是董竹君较为低潮的时期，不论是处境还是心理，亦是如此。所谓山重水复疑无路，柳暗花明又一村，董竹君总算真正迎来了黎明。

1952年，因为董竹君是上海女权第一人，因此当选为上海民主妇女联合会执行委员。到1954年又被选为上海人大代表，任期4年。值得细说的是1957年时，董竹君担任了全国政协委员。

当时的董竹君胃溃疡已经很严重了，加上锦江已经让她无暇分心，所以，听到这个消息时，她第一反应便是让贤。可陈同生让她坚持做下去，还说：炮火都顶过来了，还怕这政协委员的工作不成！听此，董竹君也只好答应试一试。

她是一个很专注的女人，不论交给她什么事情，她总会很认真地去办。这次的工作也不例外，每年的政协大会，董竹君总是积极发言的那个人。这样的状态，她一直持续到1991年退休。

世上无难事，只怕有心人，董竹君凭着自己的努力证明了这一点。对于逆境，她从来不是自暴自弃，而是迎难而上！

锦江饭店正式挂牌

刚解放的新中国正是处于较为混乱的时期，这时候的董竹君已经是年过半百的老人了，一生奔波的她本以为解放之后终于可以过上安稳的日子。可事与愿违，她的晚年，终究还是不平凡的！

1951 年，有关方面提出将锦江搬至英国犹太人沙逊大厦十三楼扩充，并改名为锦江饭店，主要接待相关领导。

董竹君当初创业的目的是为了养家糊口，后自弄堂屋子经郑德音介绍认识李某之后，董竹君的革命热情至今高昂。如今孩子们都已经长大成人，各有了自己的家庭、事业，为人母的教育责任她已经尽到了，接下来孩子们不再需要她帮忙，这样的情况下锦江充公对她是没有任何坏处的，反倒还能帮上国家，何乐而不为？不过回到现实中，有关方面的指示她自然是要做的，只是这锦江屹立至今都与员工们的努力分不开，事发突然她必须先通知职工们之后才能进行搬迁。以此为由，董竹君将二人打发走了。

第二天，董竹君早早前往锦江召开了全体职工大会公布了这个消息，碍于局势所迫，唯独党的指示这个要点董竹君并没有说明。

没想到，董竹君话音刚落，职工中就传出了反对的声音。大家你一言我一语地反对充公一事，原因只有一个：当下市场正乱，锦江的生意已经大不如前，收入本就难维持员工的家用开支，若再扩充，着实冒险。

员工们对锦江前途的担心已经超出了董竹君的预料，一时之间她竟有些感动。她花了两个星期的时间来说服员工们，只希望大家和和气气地尽快搬进大厦。可结果总是不如意的，两个星期之后，政府方面开始催促了，无奈之下，董竹君只好先强行迁移。

值得庆幸的是，锦江的职工们对董竹君一向是尊敬的，所以搬迁的时候还是顺顺利利的。之后，董竹君自己担任董事长兼总经理，任百尊、宣铎为副经理。

1951年6月9日，锦江餐馆与锦江茶室两店的迁移任务圆满完成。当天早晨，董竹君在饭店门前摆了花，举行了开幕仪式。上海滩很多人都纷纷到场给董竹君送了礼，回想当年锦江刚开张的时候，她请不起大餐，只能买些糖果表示，如今也算是翻身了。她相信，经历了16年风雨的锦江交给国家之后前程必定繁花似锦。如此，上海第一家可供中央首长、外宾们食宿、议会的高级安全场所诞生了。

锦江开业至今已接待了100多个国家的近300位国家元首和政府首脑，以及众多商贾巨富。

刚开始迁移的时候，锦江的生意并不好，市场不景气让董竹君亏损了许多钱，而这些钱却是从有关方面拨给董竹君的个人款项中拿出的。为了节省开支，外人眼里一代富翁的董竹君将要搬到复兴西路的公寓内。

陈同生发现后，立即阻止她搬迁。当时法华路的房租是200元，陈同生同何以端两人向潘汉年反映情况，希望这200元的房租交由政府支付，让董竹君先安心住着，不着急搬迁。

锦江女老板的生意越做越大，生活条件却越来越艰苦，这事要是传出去，恐怕会引起大众怀疑，这对当下工作是极为不利的。想到此，董竹君暂听了两人的话，在家等候消息。

可两天之后，陈同生、何以端两人再次拜访董竹君时却是垂头丧气的，神态疲惫。

对此，董竹君只是笑着说："没事。"第二天，两人帮董竹君将家搬至房租60元的复兴西路一四七号公寓。

这期间，先前贪污的刘伯吾也来找董竹君麻烦。在锦江开业时，李崇高曾介绍了两个学生给董竹君认识，刘伯吾是其中一个，还有一个叫温子研。在董竹君第一次到菲律宾招股回国的时候，温子研找到董竹君，说想要开舞厅，可没有资金，请她帮忙。

当时董竹君正在生病，纱管厂的生意也不好，她是泥菩萨过河自身难保，可耐不住他再三请求，最后还是答应了。为了凑齐这笔款项，董竹君东奔西跑，日夜劳累，终于给他凑到开舞厅的经费。

舞厅是个风月场所，凡是结了婚的女人都不希望自己的丈夫出入这样的地方。当然，温子研的妻子也一样。刚开张时，舞厅生意非常兴隆，可温子研的妻子很不高兴。有天夜里温子研许久还不见回家，于是她便火急火燎地赶到舞厅，看见丈夫与舞女在一起之后，她气得大闹，之后半年天天如此。

温子研受不了，只好关了舞厅，而后又染上了肺病。温子研本想一死了之，便写了遗书给董竹君，让她帮忙打理舞厅的后事，恩情下辈子做牛做马再报答回来。

看完此信之后，董竹君立即派人到温子研家中把他从鬼门关拉了回来，但后来他还是病死在四川老家，使温家老父白发人送黑发人。

董竹君自问待刘伯吾不薄。他在上海念书无依无靠时，是董竹君在经济上接济他，他生病时，董竹君如亲人一般日日照顾他，即使后来他在锦江陷入危急时坐视不管，董竹君也选择原谅他。谁知解放后刘伯吾死性不改，还要陷害董竹君。

温子研死后，刘伯吾怂恿温子研的妻子王小姐对董竹君进行起诉，其理由竟是：董竹君谋财害命。谋的是温家的财，害的是温子研的命。开庭传票到董竹君手里之后，她简直啼笑皆非。

锦江的所有员工也都为董竹君抱不平，刘伯吾的妻子也替董竹君感到冤枉，于是问丈夫："董先生对你这样好，你为何要这般？"

谁知他竟然回答："她有钱。"有人为了钱不择手段，有人视金钱如粪土，这，也许就是人与人的差别。

最后还多亏温子研的遗书救了董竹君，开庭时，她向法官呈上温子研写给她的遗书，这才算洗刷了冤屈。刘伯吾简直是财迷心窍，他竟仍不放弃，还想再上诉，最后被法官怒斥才算了结。

1952年和1953年是悲喜交加的两年。随着年龄的增长，小病小痛都很容易找上门。1952年初，迁移后的锦江生意越来越兴隆，一年四季为锦江忙碌的董竹君又因病请了假在家中休息。与此同时，锦江特地摆了十桌酒席，午饭的时候，职工们才到董竹君家中将她请至锦江。请她的人神神秘秘的也不说怎么回事，只是一个劲儿笑着往前走，董竹君察觉应该不是坏事便安心跟着走了。

到了饭店，董竹君还没完全踏进饭店便听到里面传来职工们异口同声的：生日快乐。向前看去，不只是员工，上海还来了很多人。董竹君惊呆了，职工们虽然非常尊敬她，但对她迁移锦江一事始终是有偏见的，如今给她办生日酒席看来是明白了其中的缘由。

1952年同1953年可谓是两个极端，也是那时，董竹君心中的委屈越积越多。

锦江饭店开业以来，锦江内部的股东们开始对董竹君越发不尊敬，他们对董竹君的任何提议都视而不见，要不便阳奉阴违。

秋季的一天，董竹君早早便赶到锦江。早在这之前，董竹君便通知了各大股东要召开会议。她先是走进办公室拿了资料之后，找到任百尊核实会议人员是否到齐。而任百尊一改往常的态度高傲地说道："我们已经开过了。"董竹君没想到他会这么回答，更没想到，她召集的会议竟在她不知道的情况下开完了，没有比这更讽刺的事情了。

董竹君火冒三丈地回到办公室，坐在办公桌前久久不语。当初是怀着憧憬的心情，如今只觉得情况不妙。这一次，亦是董竹君的大度使事情越发严峻。

当天，董竹君便买了火车票前往北京。当时国瑛已从美国回来，就居住在北京。周恩来总理听说董竹君在北京，便在家设宴请董竹君共同用餐。当时，出于各种原因，董竹君迟到了。据总理夫人邓颖超描述，周总理是从来不愿等人的，而那次，他却对妻子说一定要等到董先生一同吃一顿饭。

解放初期的北京并不像现在这般繁华，正是这样的北京，吸引了董竹君。加上年纪越来越大，子女大多迁移到北京工作，1960 年年底的时候，董竹君也搬到了北京。当时，她是全国政协委员，在锦江是董事长兼顾问，搬到北京丝毫不影响饭店的工作。

沧桑的那 5 年

　　1966 年，董竹君已经是一个饱经沧桑的花甲老人，但命运中的寒雨却再度袭来。

　　7 月 14 日，董竹君收到了一封足以改变她生命轨迹的信件。此信是帮董竹君看守房子的锦江名厨刘青云的儿子刘忠海寄来的，大致内容是讲当前时局紧张，她的房子空放着没有人居住恐怕会招来非议。董竹君看完信后亦觉局势不寻常，于是想办法回到了上海，欲将房子的事情尽快解决。

　　可想要将房子处理掉不是一天两天就能完成的事情。在这期间，董竹君顺便去拜访了在上海的老友陈同生与田云樵。无奈当时田云樵忙于公务，故而转到武康路先去看望陈同生。

　　自她离开上海之后，他们便有 6 年没见面了，董竹君怎么也没想到 6 年后再次看到的陈同生竟然是这样：面容憔悴，干瘦单薄，那衣服就像一块布披在他身上，本来直挺的后背拱起来一个"小丘陵"，两鬓白发越来越多，双目中的愁容让人为之伤感。而陈同生见到董竹君后似乎才稍微开心一些，不过那份喜悦与他的忧愁比起来简直微不足道。

　　董竹君大致地同陈同生说了此行的目的，但陈同生对于自己的经历却只字不提。董竹君不明白曾经乐观开朗、自信风趣的陈同生怎么会变成这样子。她隐隐约约地感受到了危险渐近的气氛。

很快，厄运来了。

某日，董竹君刚挂了二女儿的电话，外面传来急促的敲门声，她打开门，一群人冲进来便将她带走。游街示众两天后董竹君被释放。只是，这一次她被告知不得跨出房屋大门一步。

此后，董竹君如同蜗牛般在这房子挨过了大半个月。直到有一天，隔壁老邻居疑惑地问董竹君："半个月之前你不是说要回北京吗，怎么现在还闭门不出啊？"董竹君顿时回过神来，她进屋拿起早早收拾好的行李立刻向车站赶去。

大概是怕再惹事端，董竹君一路上都沉默不语，即使到了北京站，看到子女也不敢多说一句话。夏大明、国瑛也都明白母亲心中所想，于是也都静默不出声。直到回到家中，国瑛才按捺不住，像未长大的孩子般抱紧董竹君，哭着说："妈妈，我们真担心您！"

此后，董竹君四处闪躲，勉强过上了一段安稳日子。就这样过了一年。

没想到，1967 年，麻烦又找上门来了。

10 月 23 日夜间，董竹君再次被带走，从此开始了长达 5 年的牢狱生活。

1970 年，董竹君 70 岁的生日是在监狱度过的。没有蛋糕，没有礼物，不过狱友们都举起瓷碗给董竹君庆生，这也是董竹君永世难忘的 70 岁寿辰。

　　牢狱的生活很辛苦，特别是对于一个年事已高的老人。不过董竹君从没放弃过希望，即使身体越来越不好，但还是坚持锻炼。

　　直到 1972 年 10 月，又是一个秋季。董竹君入狱的时候也是秋季，不过这个秋季似乎有些不同。

　　那日，队长打开了董竹君的牢门，告诉董竹君，说她可以见她的家人了。董竹君仿佛做梦一般，就在恍惚间，她的女儿、儿子、儿媳一帮人推门而入。

　　那一刻，董竹君的双眼像是久经失修的水龙头一般，眼泪吧嗒吧嗒地顺着苍白的脸颊往下掉，这个眼泪既有痛苦心酸的冤屈，更有重获自由的喜悦。

　　从 1968 年 10 月 23 日到 1972 年，5 年的时间，董竹君仿佛老了 20 岁，原本乌黑的头发此时已经变得花白。

　　还好，自由之光又重新点燃了董竹君对生命与未来的希望。

优雅是时光的馈赠

这世间，有一种名为太平花的花卉，一般生长在假山旁，故而各朝各代的御花园之中都会出现它的身影，宋仁宗见此花乳黄娇小，清香且花密，便给它取名为"太平瑞圣花"，大致是表达太平盛世的意思吧。后来，这种花已经不仅仅局限于皇室花园了，平民庭院也可见到此花。

1973年5月，董竹君院里的太平花开得正盛，董竹君一时兴起，便站在花下，让女儿给自己拍了一张照片。照片中她穿着解放装，一头花白的头发，左手背在身后，咧开嘴笑着，但那双眼睛却沧桑得这样真实。

陆游的一句"宵旰至今芳圣主，泪痕空对太平花"，穿越了历史直接抒发了董竹君的心情。这5年的牢狱之灾，她看透了许多东西，却没能磨灭她的爱国之心。

5月10日，董竹君收到了全国政协发来的平反的结论，这份结论大致的意思是：被关押监狱5年实属冤案，并宣布释放之后将恢复原职，补发被扣押期间5年的工资，往后每月有50元的生活补贴。这才算沉冤得雪了。

董竹君心中的喜悦并不比全国解放时的少。北京街头出现长达 10 年没有的活力，街上的人们脸上都挂着许久未见的笑容。这是个值得庆祝的日子，董竹君让家里人到餐馆订了酒席，虽年事已高，却也忍不住多喝了几杯。

董竹君在家中读书，这时候突然接到一个电话。电话中的人是陈同生的家眷，那人用非常沉闷的声音告诉董竹君，陈同生死了，至今才平反，他死前一直心心念念着想见好友（董竹君）一面，希望她 7 月份能到上海参加追悼会。

这一通电话着实让董竹君悲痛许久，她在电话中黯然神伤地告诉对方："我一定会到的。"

第二天，董竹君带上儿媳杭贯嘉一同前往上海，那天下起了雨，儿媳为她撑着伞搀扶着她走到了会场。她在底下听着台上的人念悼词，思绪不禁回到了与好友一同为解放新中国所做的点点滴滴，一把老泪又忍不住流了下来。儿媳见此忙开口劝道："妈妈，您别哭坏了身体。"

追悼会期间，董竹君一直居住在锦江，毕竟名义上她还是锦江的董事长。追悼会结束之后，锦江的老职工们纷纷上门拜访董竹君。这一刻，一切仿佛回到了正轨。

1981 年，董竹君耐不住对远在美国的孩子的思念，于是决定赶赴美国探亲。动身之前，一位叫姜椿芳的同志请求董竹君到了美国后一定找到一位叫雅谷的音乐家，并请他到中国演出。

临走时他又交给董竹君一封信，千叮万嘱一定要找到雅谷先生然后将信交给他。董竹君将信小心翼翼地收好，算是答应了他的请求。

　　董竹君的飞机先是抵达旧金山，之后才转至洛杉矶。家眷们早早地便在机场门口等着她，小孩子的眼神往往比大人要灵活许多，董竹君还没完全走出机舱小辈们便看到了她，随后大声地叫唤着："外婆，外婆！"大人们随着孩子指的方向看去，果真是自己的老母亲，于是家人们纷纷跑上去又是提行李又是搀扶的。

　　安定下来之后，董竹君便开始着手办理姜椿芳托付她的事情。她将事情告诉国琼，国琼又托朋友打听。经过一番苦心，终于打听到了雅谷的住所，可惜的是，他住在很远的一个小地方，若是要找到他就一定要坐飞机。

　　国琼询问董竹君何时启程，她好预订机票。而董竹君考虑到种种原因之后，决定还是先和雅谷联系上再说。

　　国琼也同意，于是当晚，董竹君便和他联系上了。经协商之后，董竹君决定将信寄给他。而雅谷收到信件之后则表示自己早有到中国演出的愿望，董竹君带来的这封信可算给了雅谷一个很好的由头。

　　1985年5月13日，北京海淀影院举办了纪念阿隆·阿甫夏洛穆夫（雅谷父亲）90诞辰纪念音乐会。当时董竹君也去捧场了，在后台遇见芭蕾舞团总指挥的时候。那人还向董竹君征求要专门写篇报道将她如何促进演出成功的过程写进去，董竹君同意了。可公开报道时，却对此事只字不提，董竹君百思不得其解，不明白自己究竟做错了什么，原本说好的事情最后变成这样，着实伤人自尊。

　　10月份时，全国政协召开四次会议，董竹君立即匆忙赶回北京开会。1982 年初，董竹君再次赴美国探亲。正逢 82 岁生日，小辈们早早便为了她的寿宴忙活起来，带她参观美国的各大景点。

后来，董竹君便一直居住在北京的四合院中。她接受朋友的提议撰写自己的自传，过程中会叫保姆进屋子帮忙看一看自己写的内容，写累了便出来走一走。

晚年的董竹君心境倒是不错，有时候，家中院子堆放了些废弃的煤渣，她便让人将煤渣搬到太平花下，打来一桶水，一点一点将煤渣化开，然后又重新堆起来，等煤渣晒干之后倒成了一座小假山的形状。

1997 年的时候，《我的一个世纪》终于在生活·读书·新知三联书店出版。"我从不因被曲解改变初衷，不因冷落而怀疑信念，亦不因年迈而放慢脚步，"这是董竹君出书时对自己一生的概括。

也是 1997 年，董竹君穿着一件亮灰色的外衣，一头银丝，戴着一副老花镜，脸上有显而易见的老年斑，就这样接受了中央电视台的采访。镜头下的她身材已经发福，从眉目间仍可见当年的风韵和优雅。

节目里，董竹君向主持人透露道：希望自己还能活 10 年，早年她就想办一所幼儿园一直没办成，挺遗憾的，若是再活 10 年，就要把这件事情给办了。

12 月 6 日，董竹君病了，情况比较严重，儿女们都回了北京，与此同时，央视里正播放着《读书时间》栏目董竹君专访那一期。透过电视里的那位老人，董竹君似乎看见了少年时的自己。她放下遥控器，说自己累了，让国璋扶她回房里躺一下。国璋立即站起来，电视都来不及关便将母亲扶回房里，服侍她脱了鞋将被子盖上。

国璋要离开的时候，董竹君握住了她的手，让她将耳朵靠近自己，然后气息极其不稳地同国璋说："国璋啊，你去找一找《夏天最后一朵玫瑰》这首歌，我入葬时你就给我放……"国璋的鼻子猛地一酸，为了不让母亲担心，她硬生生地将即将夺眶而出的眼泪逼了回去，她努力扯出一抹比哭还难看的笑容回答母亲："妈妈说什么呢，你还要长命百岁的。"话语中却隐藏不住哽咽的语气。

曾经的一幕幕像电影一样在董竹君脑海里闪现，一辈子，说长不长，说短不短，既来之则安之。董竹君闭上了沉重的眼皮，永远地睡去。节目播出 56 分钟之后，董竹君因病不治身亡，享年 98 岁。

那日，参加葬礼的客人面带哀伤，将菊花安放在董竹君的遗体上，哀伤的音乐里一个女声缓缓地唱道：

> 夏天最后一朵玫瑰，还在孤独地开放；
> 所有她可爱的伴侣，都已经凋谢死亡；
> 再也没有一朵鲜花，陪伴在她的身旁；
> 映照她绯红的脸庞，和她一同叹息悲伤。
> ——迪里拜尔《夏天最后一朵玫瑰》歌词
>
> （古老的爱尔兰民歌）

后

记

　　不得不说，在那个奇女子辈出的年代，董竹君是被公认的正派了一辈子的女子。她虽出身贫民，却从不自卑，也从未责怪过双亲。她用行动向世人证明：没有人天生卑贱，确实，她也做到了，并且做得十分出色。

　　她曾为爱从青楼中逃出，又为爱从夏之时身边逃走，不同的是，前者是对丈夫的爱，后者是对子女的爱，是骨子里那份不服输、不认命的傲气成就了她传奇的一生。回想起两人离婚时夏之时那句"手板心煎鱼给你吃"让人贻笑大方，而董竹君却不免黯然神伤，后来她熬出头了，4个女儿都有出息了，可惜再也找不到手板心煎鱼给她的那个男人了。

　　人们常说，人在垂死之时会潜意识地记起生命中最美好、最幸福的时光。《夏天的最后一朵玫瑰》这首曲子是董竹君与夏之时在日本时听一个年轻人用尺八吹奏出来的，当时，夏之时还为此生气了。董竹君死前还特地嘱咐小女在葬礼时放这首歌，也许不只是单纯地因为曲调动听，大多是想到了与夏之时在日本的那段美好时光吧。

即使董竹君在自己的传记中极少提到自己对夏之时的感情，若说真的不爱了那是不可能的。董竹君生得这样美丽，自然少不了追求者，可面对那些人的追求董竹君连搭伙过日子都不愿意，想必是对夏之时用情至深。而夏之时更是等了董竹君 6 年之后才再娶，这段爱情亦是时代酿造的悲剧。

尘归尘，土归土，繁华落尽终成泥。这是世人都无法逃开的命运，不同的是，同是到人间走一遭，有人一世都过得浑浑噩噩，而董竹君却将自己的人生活成一部不用加以粉饰便能震惊四座的传奇故事。董竹君，这是一个如名字一样清雅的人，一个值得被世人铭记的人。